CLÁSSICOS ESPORTIVOS

Corvette

Pesquisa e redação
Fernando Miragaya

Sumário

INTRODUÇÃO 5
PRIMEIRA GERAÇÃO 11
SEGUNDA GERAÇÃO 23
TERCEIRA GERAÇÃO 35
QUARTA GERAÇÃO 51
QUINTA GERAÇÃO 63
SEXTA GERAÇÃO 77
SÉTIMA GERAÇÃO 95

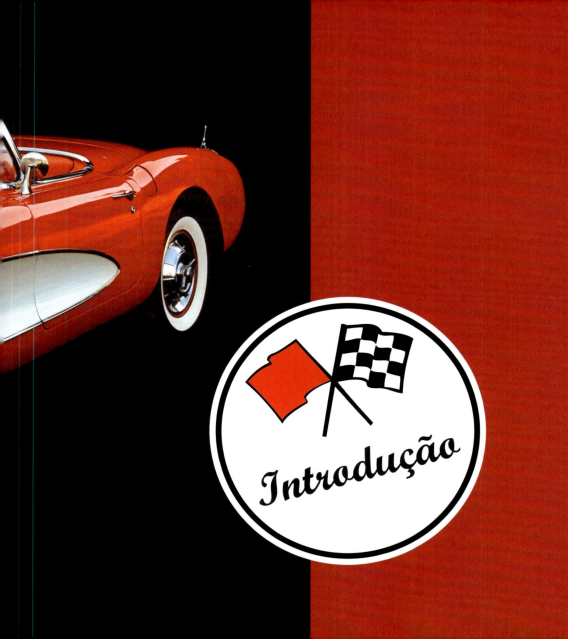

Ícones tornam-se ícones ao transformar padrões. Porém, para alcançar o rótulo de mito é necessário também se transformar, se reinventar e encantar em meio a cenários diversos – e adversos. Ao longo de 65 anos, o Chevrolet Corvette é o que é graças a uma trajetória que transcende a da própria indústria automotiva. Venceu desconfianças, atravessou crises. Tudo sem perder o espírito jovem que perdura em suas sete gerações. Como não classificar como mito um esportivo pioneiro que por pouco não teve a produção encerrada com três anos de vida? Quem mudou a sorte do carro foi o belga filho de russos Zora Arkus-Duntov (1909-1996), já que a General Motors começou a questionar a viabilidade do carro poucos meses depois do lançamento. O engenheiro foi peça fundamental na formação do mito, e merece consideração especial dos entusiastas do veículo.

Outras características e acontecimentos, contudo, também ajudaram a moldar o caráter do Corvette. Afinal, já em 1953, ano de seu lançamento, dava sinais de sua vocação ao usar plástico reforçado e fibra de

A fábrica no Missouri em 1954 e a produção da revolucionária carroceria com fibra de vidro

vidro na carroceria – algo bastante revolucionário para a época e que, claramente, mostrava as pretensões esportivas do modelo.

O crivo do público também foi um diferencial. O protótipo EX-122 exposto no imponente Waldorf Astoria, em Nova York, durante o General Motors Motorama de janeiro de 1953, fez muito marmanjo suspirar. A receptividade foi tanta que o Corvette entraria em produção em 30 de junho daquele mesmo ano com alterações mínimas em relação ao *dream car* (hoje chamado de carro-conceito). O desenho do esportivo conseguia mesclar o charme dos GTs europeus sem abrir mão de traços e desempenho bem ao gosto americano.

Poucos carros têm a honra de ganhar um apelido, mas, no caso do Corvette, a identificação com o público foi – e ainda é – tanta que, até hoje, mesmo quem não tem ou nunca teve um na garagem conhece o esportivo pelo carinhoso diminutivo de "Vette". Alguns sobrenomes oficiais também renderam status, como Stingray – um tipo de arraia, em alusão à forma do carro, que lembrava o animal –, muito marcante especialmente na segunda geração, por exemplo.

Logo no início da vida do modelo, o Corvette foi considerado como a personificação sobre rodas do *american way of life*, o estilo de vida americano, e seu sucesso lhe rendeu diferentes versões, motores, câmbios e edições especiais. Claro, também mereceu cenários à altura: o Corvette não poderia deixar de desfilar como *pace car* (carro-madrinha) em diferentes edições da prova automobilística da "500 Milhas de Indianápolis", disputar a tradicional "24 Horas de Le Mans" e ter diferentes versões exclusivas para as pistas.

São tantas histórias, que o Corvette precisou de um canto para chamar de seu com menos de cinquenta anos de vida. Em 1981, o carro ganhou um museu próprio, onde surgiria outra prova do quão emblemático o esportivo é: uma cratera se abriu, engolindo oito modelos do acervo. Só que o buraco virou atração do museu e os carros semidestruídos ficaram expostos antes de serem restaurados...

Essa reverência não é nada demais para um modelo que também sobreviveu a duas crises do petróleo. Nessas ocasiões, o esportivo seguiu a nova ordem mundial, diminuiu seus motores e nem assim deixou de exercer fascínio – o mesmo fascínio que encontramos em sua versão mais emblemática, a Z06, e, mais recentemente, no Corvette mais potente e rápido de todos os tempos: o ZR1, lançado em 2017, com 765 cv. Etapas que reforçam seu caráter de sobrevivente e herói na história da indústria automotiva americana e mundial. Coisa de ícone.

Corvette Grand Sport 2017

Primeira geração
(1953-1962)

capítulo 1

Os ares do pós-guerra começavam a se dissipar, mas a Guerra Fria insistia em ganhar capítulos dramáticos com o conflito entre as Coreias. A classe média dos Estados Unidos, contudo, tinha com o que se distrair: a economia ensaiava seu crescimento exponencial e a NBA, a famosa liga americana de basquete, realizava seu primeiro All Star Game. Porém, poucos sabiam que, naquele ano de 1951, mais precisamente em junho, seria dada a largada para o carro que resumiria tão bem o espírito jovem americano.

Nem mesmo a indústria automotiva poderia prever o que viria, e especulava-se que o chamado "Projeto Opel" da General Motors (GM) tratava de um novo veículo para sua subsidiária alemã. Realmente, o carro que estava por vir foi beber em fontes europeias. Ferrari, MG e Jaguar já seduziam o mundo com esportivos elegantes e potentes, mas um deles, o Jaguar XK 120, despertava particular admiração de Harley Earl, chefe do departamento de estilo da GM.

Earl fora convocado por Tom Keating, diretor-geral da GM, para pensar em um veículo que acabasse com o vexame de terem sido ultrapassados pela arquirrival Ford nas vendas totais nos últimos anos. A resposta veio com o plano de fazer um carro inspirado nos esportivos europeus, acessível, mas com alma americana. O sinal verde para o projeto, conhecido internamente como EX-122, foi dado em 1952 pelo então presidente da GM, Harlow Curtice.

Ali, o Corvette já dava mostras do que viria a se tornar. Do início da montagem do *mockup* (modelagem do carro em escala feita em argila) ao primeiro pré-série passaram-se apenas 15 meses, feito raríssimo para a época – e fruto do trabalho da equipe que ainda

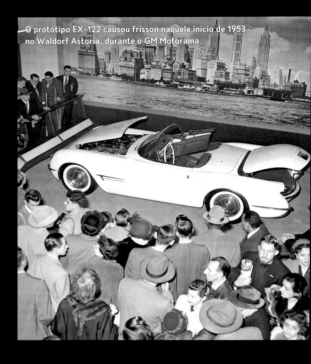

O protótipo EX-122 causou frisson naquele início de 1953 no Waldorf Astoria, durante o GM Motorama

tinha os engenheiros Ed Cole, responsável pelo conjunto mecânico, e Maurice Olley, encarregado do chassi e da estrutura.

Então, no início de 1953, o sofisticado hotel Waldorf Astoria de Nova York serviu de palco para a primeira aparição daquele que viria a se tornar o ícone dos esportivos americanos (ainda em sua forma conceitual) e testemunhou a reação favorável do público durante o General Motors Motorama.

Na hora de batizar o carro, a ideia inicial foi usar "Korvette", corruptela de "corvette" (corveta), a rápida e compacta embarcação de guerra usada pelas forças navais britânicas. Mas a proposta da grafia diferente ficou para trás e, em 30 de junho de 1953, o primeiro Corvette finalmente saía da linha de produção da cidade de Flint, no Estado de Michigan.

E já chegava cheio de estilo e... pioneirismo. Tratava-se do primeiro automóvel feito em larga escala com carroceria de plástico reforçado e fibra de vidro prensada, o que lhe garantia baixo peso em relação aos padrões da época: 1.227 kg. Os nove componentes principais reuniam 46 peças coladas.

Para comprovar a leveza, a GM até produziu uma foto com um homem erguendo o assoalho do carro com um braço só. Com 4,24 m de comprimento e entre-eixos de 2,59 m, essa geração ficou marcada como a geração *the solid-axle years*, referência à suspensão traseira por eixo rígido.

Surpreendia também a fidelidade das linhas ao conceito apresentado no Motorama de 1953. O Vette seguia a proposta de inspiração em cupês e *roadsters* europeus, com direito a para-brisa envolvente, perfil baixo e linhas musculosas e fluidas, em um estilo único com formas e detalhes que seriam impossíveis com as chapas de aço usadas pela indústria na época. O gosto americano era lembrado pela generosidade nos cromados e pela traseira, que remetia ao Cadillac, preservando um discreto rabo de peixe.

Em relação ao carro-conceito mostrado no início de 1953, o Corvette de produção abriu mão das pequenas entradas de ar no capô, próximas ao para-brisa. Os logotipos dos para-lamas dianteiros, por sua vez, foram estendidos e formaram um friso cromado nas laterais. Já a combinação marcante da carroceria na cor branco-polo com o interior de couro vermelho apresentada no protótipo foi mantida nos primeiros Corvettes.

Para provar que o carro era leve, a GM colocou um homem para segurar o assoalho do Vette

O couro vermelho do carro-conceito foi preservado nos primeiros Corvette

Por uma questão de racionalidade da linha de produção da fábrica em Flint, o tipo de carroceria de dois lugares e os materiais usados implicaram uma logística especial. Assim, os primeiros meses serviram para as devidas adequações. Tanto que a unidade de Michigan fabricou apenas 300 unidades do conversível.

O início da estrada foi difícil e, por pouco, este livro não existiria. O preço inicial do automóvel era de US$ 3.498, quase o mesmo de um Cadillac, mas o esportivo da General Motors trazia um acabamento considerado simples, com muito plástico utilizado nos detalhes, as janelas aplicadas manualmente e a falta de maçanetas externas.

As queixas não paravam por aí. O conjunto mecânico não acompanhava a proposta mais arrojada do C1. O motor 2.3, 6 cilindros em linha, de 150 cv "Blue Flame" (apelidado de *stovebolt* – parafuso de fogão – por causa dos parafusos das tampas de válvulas parecidos com os parafusos dos fogões) tinha carburação especial com corpo triplo e taxa de compressão de 8:1, mas seu desempenho deixava a desejar.

Feitos os 300 primeiros Vette, em Michigan, e mais animada que o mercado, a GM transferiu a produção do esportivo para a renovada fábrica de Saint Louis, no Missouri, em dezembro de 1953. Animados também ficaram os funcionários da unidade, afinal a

Os primeiros 300 *roadster* saíram da fábrica no Michigan, em 1953

capacidade de fabricação de 10 mil unidades por ano deixava claro o entusiasmo da fabricante.

No embalo da mudança, o Corvette sofreu pequenas modificações. O preço foi reduzido e foram lançadas cores novas para seu interior e carroceria. No motor, a potência foi elevada para 155 cv, na tentativa de dar mais ânimo ao desempenho do carro. No final do ano de 1954, porém, dos 3.640 Corvette produzidos, 1.076 juntaram pó no pátio da fábrica.

Eis que surge a figura de Zora Arkus-Duntov. Desde julho de 1953 na equipe do Corvette, o engenheiro belga percebeu que, se nada fosse feito, o modelo ficaria pelo caminho e sua produção seria encerrada. Para completar, a Ford tinha acabado de lançar o Thunderbird, que já dividia as atenções dos amantes de esportivos. Arkus-Duntov, então, sugeriu a Olley e Cole profundas mudanças na linha.

Com larga experiência em competições automobilísticas na Europa, o engenheiro foi direto no coração do carro. Em 1955 (ano em que se tornou engenheiro-chefe do Corvette), o modelo adotou o primeiro motor small-block. O 4.3V8 era mais leve que o seis-cilindros, tinha carburador com corpo quádruplo e gerava bem mais potência: 195 cv.

O conjunto garantiu distribuição de peso melhor entre os eixos e prometia velocidade máxima de 200 km/h. Surgiu, na mesma época, a opção de câmbio manual de três marchas. Por fora, a única diferença perceptível no Corvette 1955 era o V maior no nome do esportivo estampado na carroceria.

Chegou, então, a hora de dar aquele banho de loja no Corvette e tentar melhor sorte nas concessionárias. No ano seguinte, o conversível mudou faróis e grade frontal e adotou contornos arredondados no desenho traseiro.

Motor V8 do Corvette 1955

Anúncio de época do Corvette

Primeira geração (1953-1962)

Nas laterais, o sulco na carroceria que parte das rodas dianteiras até o meio das portas conferiu mais esportividade. Para muitos, o Corvette começava a abandonar a inspiração europeia para assumir um estilo verdadeiramente americano.

Não era mais preciso esticar o braço para abrir o carro por dentro, pois finalmente o modelo adotava maçanetas externas. Os vidros deixavam de ser fixos e tinham opção de controle elétrico. O teto passou a ser rígido e removível. As mudanças que emprestavam mais sofisticação ao Corvette também incluíam versões mais potentes, com motor com taxa de compressão de 9,25:1 e 225 cv ou 240 cv de potência.

Mas ainda demorou um pouco para o Corvette começar a acertar a mão e oferecer, de fato, aquilo que sua imagem vendia. Tanto que a primeira geração ainda passaria por mudanças sistemáticas, principalmente no motor.

O modelo de 1958 adotou faróis duplos, entradas de ar decorativas e para-choques maiores e cromados

Alterações no Corvette 1958 deixaram o conversível 25 cm mais comprido

As mudanças na linha começaram a render frutos em 1960, quando, pela primeira vez, o Corvette atingiu a marca de 10 mil unidades vendidas

Propaganda anuncia as profundas mudanças na linha 1961

AMERICA'S SPORTS CAR GETS A NEW LOOK!

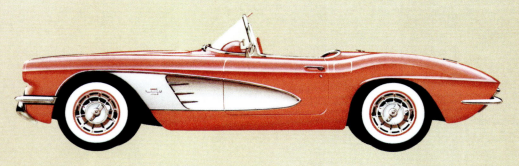

Take a classic sports car design. Give it tasteful new styling. That's Corvette in 1961. Starting with the sleek rear deck, it's clean, uncluttered. From this point forward, it becomes obvious this new Corvette was designed to be driven. No matter what the occasion—black tie or tennis shoes—Corvette is appropriate. If you're an enthusiastic rallyist, an about-towner, a countryside explorer, or all three, Corvette matches your mood.

© 1960—Chevrolet Motor Division, General Motors Corporation

Em 1957, o Vette recebeu o 4.6V8 de 283 cv. Tinha injeção mecânica de gasolina, basicamente a mesma usada nos Bel Air 1957, e trabalhava com a transmissão manual de quatro marchas – as opções de V8 carburadas mais "mansas", por assim dizer, geravam 220 cv, 245 cv, 250 cv ou 270 cv.

O Corvette mais potente colocava o *roadster* em nível de igualdade de desempenho com os esportivos europeus. Mesmo assim, a versão topo de linha serviu mais como vitrine de esportividade, já que só 240 unidades foram vendidas. De qualquer forma, a GM não tinha do que reclamar. O modelo fechou o ano com mais de 6 mil unidades comercializadas.

Em time que está ganhando... se mexe. A GM não se deu por satisfeita e a meta de 10 mil unidades/ano continuava "atravessada em sua garganta". Em 1958, ocorreram mudanças ainda mais ousadas no carro, que cresceu 25 cm, passou a ostentar faróis duplos, para-choques maiores e mais detalhes cromados.

Também tinha entradas de ar auxiliares no estilo aeronáutico – posicionadas abaixo dos faróis –, mas apenas decorativas na versão de rua. No modelo para as pistas, essas entradas serviriam para resfriar os freios dianteiros.

Por dentro, o painel passou a ter mais cuidado e o conta-giros se destacava (com outros instrumentos) do quadro principal. O V8 tinha potência de 245 cv, e sua versão mais "nervosa", com injeção, passou a gerar 290 cv. Em 1959, foi a vez de a engenharia recalibrar a suspensão, com acerto mais suave.

Os frutos das mudanças começaram a aparecer na forma de vendas. Em 1960, sete anos após seu lançamento, o Corvette finalmente atingia a marca de 10 mil unidades entregues. Mas nem mesmo isso fez a equipe de Arkus-Duntov sossegar.

Em 1961, o carro recebeu uma traseira inteiramente nova, abaulada e com um conjunto duplo de lanternas, o que lhe rendeu o apelido de "rabo de pato". Combinava com a frente, com saliências sobre as caixas de rodas, faróis escamoteáveis e ponta "bicuda".

O motor passou por novo *upgrade*, chegando a 315 cv, antes de dar lugar ao novo 5.4V8, em 1962, com potência de 250 cv, 300 cv ou 360 cv. Números que se replicaram nas vendas do Corvette: 14.500 unidades comercializadas para fechar com chave de ouro a primeira geração do mito.

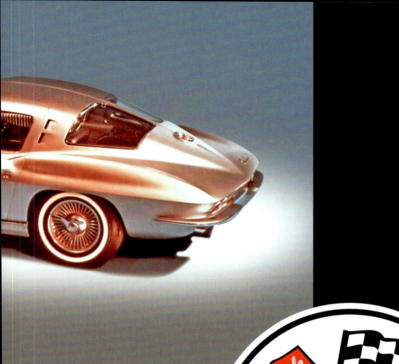

Segunda geração

(1963-1967)

Pode-se dizer que a segunda geração do Corvette foi sua consagração como esportivo. A verdade é que os tradicionalistas ainda tinham algumas restrições ao modelo da General Motors. Havia também os críticos, que achavam o carro grande, pesado e até "americano demais". Mas mesmo os mais céticos começaram a mudar de opinião quando o projetista Bill Mitchell apresentou, em 1961, o *dream car* Mako Shark, que serviria de base para o C2.

A geração lançada em 1963 não só mostrava o amadurecimento da linha na busca pela essência esportiva, como adotava características e termos que marcariam a vida do modelo ao longo dos anos. A suspensão traseira independente estreou aqui, assim como a versão cupê com teto rígido e faróis duplos escamoteáveis, que perdurariam até 2004, no C6.

Mas é no desenho que o arrojo do Corvette ganhou eco. A referência a uma arraia no capô, com um vinco

O carro conceito Mako Shark serviu de base para a segunda geração

elevado em "V", que antecede a bela entrada de ar no modelo cupê – ou mais pronunciado, separando as grades, no conversível –, lhe rendeu o sobrenome Stingray, assim como os modelos de corrida de 1959. Esse estilo novo ficou a cargo de Larry Shinoda e foi inspirado no Q Corvette, de Peter Brock e Chuck Pohlmann.

Era, então, evidente que a GM não tinha se acomodado com as boas vendas da primeira geração. Pelo contrário, estava disposta a agradar aos entusiastas criando um novo visual.

Para-lamas elevados, para-choques bipartidos, linha de cintura elevada e saídas de ar laterais davam a pitada extra de veneno ao carro. Na traseira, o charme na versão fechada era o vidro bipartido, denominado *split-window*. Por dentro, painel simétrico. A boa nova em termos de conforto era o ar-condicionado opcional.

O vidro bipartido, ou *split-window*, foi uma das marcas dos primeiros C2, mas tornou-se raridade.

Para-lamas elevados, linha de cintura alta e grelhas laterais emprestaram mais arrojo ao esportivo

Porém, além da roupagem e da potência do motor, era necessário ser esportivo de fato. Então, a equipe de engenharia da GM cortou na carne, ou melhor, na lata. O entre-eixos foi reduzido em 10 cm, passou de 2,59 m para 2,49 m, uma das "reivindicações" de qualquer adorador de carros esportivos. Já a suspensão traseira independente repetia o conceito do conjunto dianteiro, com braços sobrepostos e molas com lâminas transversais de base plástica. Era um acerto mais rígido, que deixava o carro mais estável e que se tornaria característica do modelo por décadas.

O motor 327V8 vinha com potência variada. O Vette de entrada gerava 250 cv e trabalhava com caixa manual de três marchas. Havia variações carburadas com 300 cv e 340 cv e transmissão manual de quatro velocidades. Mas a segunda geração ainda traria uma outra versão, que se tornaria referência: o "pacote" Z06. Era um kit de performance que consistia no V8 com injeção mecânica e 360 cv, amortecedores e molas com calibragem mais firme, freios mais eficientes e várias opções de diferenciais.

"Pela primeira vez, posso ter orgulho em dirigir um Corvette na Europa", disse Zora Arkus-Duntov. O apaixonado engenheiro, porém, foi além do C2 e da versão Z06, criando um carro que serviria de base para sua tentativa frustrada de emplacar uma linha de modelos para corridas de turismo nos Estados Unidos: o Corvette 125 Grand Sport (veja box na página seguinte).

O 125 Grand Sport, de 1963, criado para disputar as competições de turismo

Segunda geração (1963-1967)

GRAND SPORT

A vida pregressa de Duntov nas pistas de corrida não permitia que o engenheiro-chefe do Corvette sossegasse. Assim, no embalo da segunda geração do modelo – que ficou mais esportivo de fato –, ele desenvolveu, às escondidas, o Grand Sport de 1963, de olho nas competições de turismo americanas.

Para começar, o C2 em questão passou por uma dieta e perdeu 360 kg (1.140 kg no peso em ordem de marcha) graças, principalmente, ao chassi de alumínio com longarinas tubulares e pontos de ancoragem nas travessas. A carroceria recebeu fibra de vidro mais fina, para-lamas alargados, além de entradas de ar extras e pequenas saídas na traseira para aprimorar a aerodinâmica. Sob o capô, levava um V8 com bloco de alumínio e 550 cv de potência.

O objetivo era produzir 125 unidades do Corvette Grand Sport, superar os Ford Shelby Cobra no calendário automobilístico dos Estados Unidos e tentar a sorte em Le Mans. Mas a GM, na época, adotava uma política avessa às corridas. O projeto foi abortado antes mesmo de o carro chegar à prova francesa e só cinco modelos foram fabricados.

Contudo, Duntov deu um jeito de os automóveis preparados irem para a pista. Ele deixou os Grand Sport originais chegarem a pilotos como Roger Penske, A. J. Foyt, Jim Hall e Dick Thompson. A ideia era que eles avaliassem os carros no mundo real e dessem informações ao engenheiro, visando a adoção de futuras tecnologias e acertos na linha.

De novo, o Vette provou ser um carro a ser venerado. No circuito de Nassau, em 1963, os Grand Sport superaram os Shelby Cobra e terminaram em terceiro e quarto lugares. No ano seguinte, o modelo experimentou a vitória na mesma prova, pilotado por Penske.

Os feitos só valorizaram ainda mais essas raridades: hoje, um Corvette Grand Sport é avaliado em US$ 5 milhões, mas quem não tem essa quantia disponível pode recorrer à empresa americana Superformance. Ela faz réplicas do modelo com preços iniciais de US$ 100 mil, e bastante fiéis, já que tem o apoio da GM, que forneceu dados, como as medidas e as especificações do chassi.

Apesar das proibições, os Grand Sport foram para as pistas e, em 1963, superaram os Shelby Cobra na pista de Nassau

Segunda geração (1963-1967)

O Z06 não voltaria em 1964, ano em que a segunda geração já passava por uma mudança estética relacionada a questões de segurança. Por causa da pouca visibilidade para o motorista, o vidro traseiro bipartido foi trocado por uma peça única, o que tornou o modelo de 1963 uma obsessão para colecionadores, pois, como muitas concessionárias efetuaram a substituição do vidro, os *split-window* se tornaram raros e caros.

Finalmente, o Corvette ultrapassava a casa das 20 mil unidades produzidas e começava a competir em igualdade com seu grande rival, o Ford Shelby Cobra. Contudo, em 1965, o esportivo da GM deu outra

O primeiro *big-block* da família 427, com 425 cv e 55 mkgf de torque

Os vidros traseiros voltaram a ser inteiriços em 1965

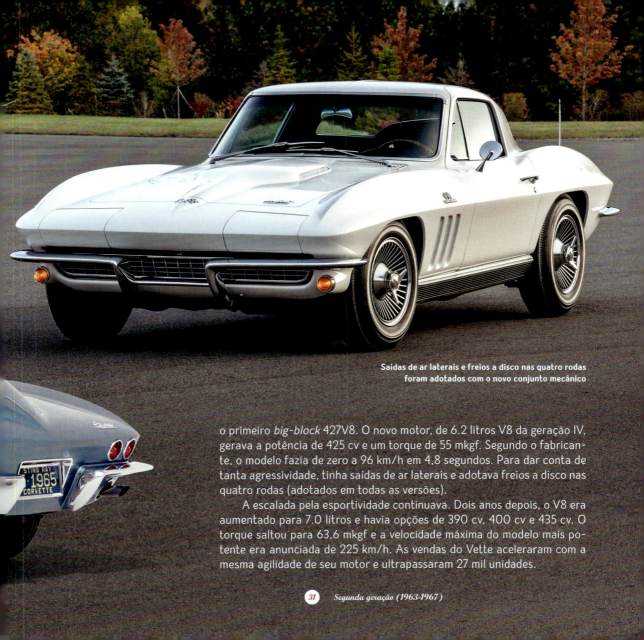

Saídas de ar laterais e freios a disco nas quatro rodas foram adotados com o novo conjunto mecânico

o primeiro *big-block* 427V8. O novo motor, de 6.2 litros V8 da geração IV, gerava a potência de 425 cv e um torque de 55 mkgf. Segundo o fabricante, o modelo fazia de zero a 96 km/h em 4,8 segundos. Para dar conta de tanta agressividade, tinha saídas de ar laterais e adotava freios a disco nas quatro rodas (adotados em todas as versões).

A escalada pela esportividade continuava. Dois anos depois, o V8 era aumentado para 7.0 litros e havia opções de 390 cv, 400 cv e 435 cv. O torque saltou para 63,6 mkgf e a velocidade máxima do modelo mais potente era anunciada de 225 km/h. As vendas do Vette aceleraram com a mesma agilidade de seu motor e ultrapassaram 27 mil unidades.

Segunda geração (1963-1967)

Cabeçotes de alumínio e três carburadores eram a essência do motor L88 para as pistas, que gerava extra-oficiais 560 cv

Porém, Duntov buscava cada vez melhor performance para o esportivo. Ainda em 1967, ele apresentou, com sua equipe, uma nova versão para pistas, com o mesmo motor 427 (conhecido como L88), mas com cabeçotes de alumínio, três carburadores de corpo duplo e taxa de compressão elevada, de 12,5:1.

Só podia beber gasolina de competição para gerar 560 cv de potência. Curiosamente, o dado oficial da GM apontava potência de 430 cv. Uma estratégia para não assustar as companhias seguradoras da época. De qualquer maneira, poucos compradores tiveram que se preocupar com a apólice. A exclusividade ficou evidente com apenas 20 unidades vendidas.

Mas o Corvette de competição fez bonito e deixou Duntov ainda mais orgulhoso quando quebrou o recorde de velocidade na reta Mulsanne, na tradicional corrida "24 Horas de Le Mans": 274,4 km/h. O fato de não ter terminado a prova é um detalhe sem importância para essa versão que também se tornou objeto de desejo para colecionadores e está avaliada em mais de US$ 650 mil.

Em 1967, a tomada de ar central maior do Stingray denunciava o L88 sob o capô

Capítulo 3
Terceira geração
(1968-1982)

A mais longeva geração do Corvette é considerada uma das mais charmosas e também a que mais foi posta à prova. Isso porque, nos seus quinze anos de produção, atravessou duas crises do petróleo, que, se já não são fáceis para os carros comuns, são ainda menos favoráveis aos esportivos, com motores grandes e potentes. É da natureza do Vette, porém, se sobrepor às adversidades. Com esse modelo não foi diferente.

O carro começou a ser pensado com boa antecedência, pois Zora Arkus-Duntov, Bill Mitchell e equipe começaram a trabalhar no C3 quando os primeiros C2 saíam da linha de produção, em 1963. Só que o desafio era fazer um carro charmoso e excitante sem gastar muito. Coube a Mitchell usar a plataforma já existente para projetar um Corvette novo sem abandonar a filosofia de surpreender sempre.

A expectativa do mercado em torno da próxima geração do Vette também começou cedo, quase três anos antes de o carro ser lançado. Mais especificamente em abril de 1965, no Salão Internacional do Automóvel de Nova York (New York International Auto Show), quando a General Motors apresentou o carro-conceito Mako Shark II, assinado por Larry Shinoda.

A partir daí, projetistas e engenheiros correram no desenvolvimento do Shark (tubarão, em português), apelido preferido da equipe para definir o C3. Os primeiros protótipos eram bem fiéis ao conceito mostrado no salão nova-iorquino, com teto inspirado no primeiro Stingray cupê. O carro, que estava previsto para ser lançado em 1967, contudo, só chegaria em 1968. Mas a espera valeria a pena.

Com 18 cm a mais no comprimento, o C3 chamava a atenção de cara pelas linhas musculosas, o longo capô curvado, a frente bicuda e a grade estreita com duas entradas de ar. O modelo mantinha os faróis escamoteáveis e bebia de novo na fonte europeia dos esportivos, o que lhe conferia um charme a mais.

O vidro de trás e o teto da versão cupê, em duas peças, podiam ser removidos, o que transformava o carro em um belíssimo targa – para garantir a rigidez,

O embrião do C3, o Mako Shark II, de 1965, ao lado do Mako Shark I (ao fundo)

A terceira geração era 18 cm maior e trouxe um capô longo e curvado

Terceira geração (1968-1982)

O vidro traseiro e o teto da versão cupê podiam ser removidos, tranformando o carro em um belíssimo targa

O *small-block* de até 350 cv da linha 1969

havia uma barra central longitudinal. Por dentro, o painel novamente adotava elementos assimétricos.

Na mecânica, a opção de entrada era o V8 de 300 cv com câmbio manual de três marchas. Havia também os motores de 350 cv, 390 cv e 400 cv. Os emblemáticos motores *big-block* L88 estava lá, com 430 cv, e havia também a L71, com 435 cv e caixa de quatro marchas. Essas duas versões, contudo, não recebiam a transmissão automática como opcional.

Bastou um ano para a GM resgatar a denominação Stingray (que não surgiu logo no lançamento do C3 e passou a ser escrita em uma palavra só), orgulhosamente colocada acima do quarteto de fendas que serviam como saídas de ar logo atrás dos para-lamas dianteiros. E é em 1969, a propósito, que a linha ganha um dos motores clássicos de sua história: o 5.7V8 (350V8), *small-block* de 300 cv ou 350 cv.

Corvette Stingray 1969

Visualmente, as versões com os maiores motores podiam ser identificadas pelo ressalto no capô. Mas foi a partir do fim de uma década e início de outra que o Corvette viveu a sua era dos extremos, com motores de números superlativos tendo de dar lugar, em um curto espaço de tempo, a unidades de baixa cilindrada e potência.

Em 1970, surgia o 7.4V8, com potência que podia chegar a 390 cv na configuração LS5. Já a linha LT1 *small-block* gerava 350 cv ou 370 cv, com mudança no comando de válvulas e taxa de compressão aumentada. No desenho, foram colocadas grades no lugar das fendas laterais, além de outros detalhes funcionais: caixas de rodas mais amplas, para minimizar o lançamento de detritos lançados pelos largos pneus, e para-choque reestilizado, com luzes auxiliares frontais trapezoidais e laterais retangulares.

Nesse mesmo ano, apareceu – ainda como "pacote" esportivo – a designação que logo ocuparia outro lugar de destaque na estante de preferência dos fãs do Corvette: o ZR1 (veja box na página 90). No embalo, o Vette voltaria a ostentar motores ainda mais poderosos. Em 1971, vindo da linha do Chevrolet Chevelle, o LS6 de 425 cv foi introduzido no lugar do LS7 de 460 cv e 465 cv, que teve vida curta (apenas um ano) após críticas por parte da imprensa especializada.

Mas a euforia com a exuberante potência dos V8 duraria pouco. Com a primeira crise do petróleo e índices de poluição alarmantes em cidades dos Estados Unidos, os fabricantes se viram obrigados a "estrangular" seus motores. Para se ter ideia, a linha 1972 teve como modelo *standard* o V8 de 200 cv. O LT-1 de 330 cv foi rebaixado para 256 cv, enquanto o LS-5 passou a gerar "modestos" 270 cv em vez dos 360 cv anteriores. Ainda assim, esse modelo estava com os dias contados: seu último *big-block* só duraria até 1974.

Época complicada para os esportivos. Em 1973, a única graça possível era em detalhes na carroceria. Para atender à legislação americana da época, o para-choque do Vette passou a usar material flexível como forma de resistir a impactos de até 8 km/h. A peça passava a ser da cor do carro e integrada à carroceria. Atrás, a novidade era o vidro traseiro fixo. A motorização mais simples tinha 190 cv, mas, mesmo assim, as vendas passaram da barreira das 30 mil unidades.

A queda na potência dos motores continuou, ainda mais com as leis de controle de emissões em vigor nos Estados Unidos e com a exclusão do chumbo tetraetila da gasolina – usado para aumentar a octanagem do combustível. Para atender às severas normas, a saída para os fabricantes foi desenvolver motores menores, reduzir taxas de compressão dos modelos existentes e instalar catalisadores nos carros.

Efeitos da Crise do Petróleo: a linha 1975 foi a menos potente da história, com meros 165 cv

Terceira geração (1968-1982)

Essas mudanças foram retratadas na linha lançada em 1975, quando o Corvette experimentou seu motor menos potente, de 165 cv. Ao mesmo tempo, Duntov estava de saída após 21 anos e sete meses de GM. O engenheiro-chefe foi substituído por David McLellan. Quem também se despedia era a configuração conversível, com vendas em baixa.

O sopro de mudanças começou em 1976. O motor de entrada da linha passou a gerar 180 cv, e havia a opção do L82 de 210 cv. Revestimento interno de couro e direção servo-assistida entraram na lista de itens de série da linha. Curiosamente, o carro perdia novamente o emblema Stingray, que só seria retomado quase quatro décadas depois. As vendas superavam a barreira das 40 mil unidades. Em 15 de março de 1977, St. Louis produziu o Vette de número 500.000, um cupê branco que foi guiado com pompa pela fábrica por Robert Lund, então gerente-geral da GM.

Consciente de que a vida da terceira geração seria prolongada, em 1978 a GM promoveu mudanças significativas no estilo do C3. O desenho ficou mais anguloso, com a dianteira discretamente mais estreita.

Porém, foi a terceira coluna do modelo que marcou essa reestilização. Com vidro maior e caimento inclinado e acentuado, conferia ao cupê um ar de *fastback*.

Para a mídia especializada, isso foi o suficiente para rejuvenescer o Corvette. Em termos práticos, a nova traseira praticamente quadruplicou a área envidraçada, o que melhorou a visibilidade para o motorista, aumentou o espaço atrás dos bancos e reduziu a sensação de claustrofobia em seu interior.

Mesmo assim, ainda era preciso rebater os encostos dos bancos da frente para acessar o banco traseiro. A ideia de integrar a tampa traseira ao vidro para melhorar essa funcionalidade e a vida dos passageiros até foi considerada, mas Dave McLellan preferiu não complicar as coisas naquele momento – assim, o projeto, que transformaria o carro em um autêntico *fastback*, ficaria para um futuro próximo.

Na parte de desempenho, o Vette ensaiava uma retomada de disposição. O motor L48 ganhou 5 cv e passou a gerar 185 cv com o carburador Rochester Quadrajet, que se tornaria famoso na linha. A versão de entrada do cupê cumpria de zero a 96 km/h em

Em 1976, a GM volta a injetar potência no Corvette e as vendas ultrapassam as 40 mil unidades

Corvette número 500.000 na linha de montagem

7,8 segundos, nada mal para um *small-block* naqueles tempos de motores estrangulados. Já o motor mais potente, o L82, teve a potência elevada de 210 cv para 220 cv.

Esse Vette mais potente não foi autorizado na Califórnia, onde só a variante com o motor L48 era comercializada, mesmo assim, na configuração 5.0 litros, com potência menor, de 175 cv, e aliado ao câmbio automático com relações retrabalhadas. Isso porque o governo daquele estado da costa oeste dos Estados Unidos baixou rígidos limites à emissão de poluentes, pois Los Angeles já figurava como uma das cidades com maior concentração de hidrocarbonetos no ar, o que dava àquela metrópole uma paisagem enevoada.

Todavia, a percepção naquele 1978 era a de que a tempestade da crise do petróleo tinha passado. E, com vendas em alta, nada mais propício do que celebrar. A edição especial de aniversário, a 25th Anniversary Edition, foi lançada com a elogiada combinação de dois tons de cinza na carroceria para toda a linha. No interior, revestimento cinza fosco, apelidado de *smoke* (fumaça), assentos diferenciados, vidros e travas elétricas, ar-condicionado e rádio AM/FM com antena elétrica.

Comemorações não faltaram também para a estreia como carro-madrinha na tradicional corrida "500 Milhas de Indianápolis" (veja box na página seguinte).

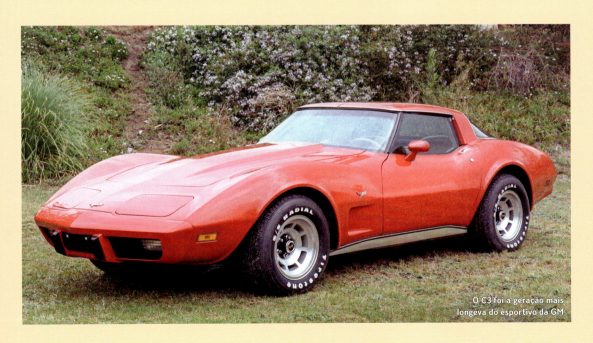

O C3 foi a geração mais longeva do esportivo da GM

Terceira geração (1968-1982)

CARRO-MADRINHA NA "500 MILHAS DE INDIANÁPOLIS"

A história do Corvette seria o suficiente para mostrar seu caráter emblemático. Porém, além de ser um dos esportivos mais desejados do mundo, ele está presente em outros contextos do universo automobilístico, como a "500 Milhas de Indianápolis", a prova mais tradicional dos Estados Unidos e uma das mais famosas do mundo. O Vette é o carro que mais vezes foi o *pace car* da centenária corrida, que faz parte do calendário da Fórmula Indy.

O Corvette só deu o ar da graça em Indianápolis com sua terceira geração, em 1978. O esportivo pilotado por Jim Rathmann abriu o caminho na pista para os 33 pilotos na corrida do dia 28 de maio de 1978. A não ser pelos encaixes para receber as bandeirinhas que o carro-madrinha deve carregar, aquele Corvette era praticamente idêntico ao veículo vendido nas concessionárias. A prova foi vencida por Al Unser, e ali começava a relação do Vette com a 500 Milhas, o que renderia uma infinidade de séries especiais do esportivo. Inclusive, naquele mês de maio, a prova serviria para o Pacesetter Month (algo como Mês do Carro-Madrinha, em tradução livre), uma ação de vendas nas concessionárias, com promoções para a linha e réplicas do carro-madrinha da 500 Milhas.

O Corvette voltou ao templo do automobilismo americano oito anos depois, em 1986, justamente na edição de número 70 da prova. O carro-madrinha era o C4 na versão conversível. Essa versão ainda retornou à "500 Milhas de Indianápolis" no ano de 1995 e também recebeu sua série especial.

Entretanto, é nos anos 2000 que o esportivo querido dos americanos passa a ser hegemônico em Indianápolis. Em cinco edições consecutivas, o Vette abriu a prova como *pace car*. Em 2004, a quinta geração se despedia com o ator Morgan Freeman ao volante, e no ano seguinte foi a vez de o C6 conversível marcar presença na 500 Milhas, abrindo, assim, espaço para outras diferentes versões da sexta geração: em 2006 foi um Z06 e em 2007 o cupê.

Em 2008, o Corvette que foi carro-madrinha em Indianápolis teve a honra de ser guiado por um gênio do automobilismo mundial: o brasileiro Emerson Fittipaldi, bicampeão de Fórmula 1, campeão da Fórmula Indy e duas vezes vencedor da 500 Milhas, puxou o pelotão de pilotos com o C6 Z06 E85, carro-conceito do esportivo movido a etanol.

O Vette a álcool nunca foi produzido, mas as 500 unidades da série limitada em homenagem ao carro-madrinha sim (todas autografadas por Fittipaldi). Naquele ano, a propósito, o Vette também foi inovador ao apresentar dois modelos como carro-madrinha em Indianápolis: além do protótipo, um conversível abriu a prova.

O C6 ainda voltou à pista na cultuada versão ZR1, em 2012, enquanto, no ano seguinte, o público poderia conferir pela primeira vez a sétima geração Stingray. Em 2015, de novo, o C7 apresentou-se com o modelo Z06, e em 2017 foi a vez do Grand Sport. O ZR1 foi a estrela em 2018, com credenciais mais do que justas para estar ali: seus 755 cv de potência.

Anos do Corvette como carro-madrinha da 500 Milhas e seus pilotos:

ANO	MODELO	PILOTOS
1978	Chevrolet Corvette C3	Jim Rathmann
1986	Chevrolet Corvette C4 conv	Chuck Yeager / Don Bailey
1995	Chevrolet Corvette C4 conv	Jim Perkins / Don Bailey
2004	Chevrolet Corvette C5	Morgan Freeman / Joie Chitwood, III
2005	Chevrolet Corvette C6 conv	Gal. Colin Powell / Joie Chitwood, III
2006	Chevrolet Corvette C6 Z06	Lance Armstrong / Johnny Rutherford
2007	Chevrolet Corvette C6	Patrick Dempsey / Johnny Rutherford
2008	Chevrolet Corvette C6 Z06 E85	Emerson Fittipaldi / Johnny Rutherford
2012	Chevrolet Corvette C6 ZR1	Guy Fieri / Johnny Rutherford
2013	Chevrolet C7 Corvette Stingray	Jim Harbaugh / Johnny Rutherford
2015	Chevrolet Corvette Z06	Jeff Gordon / Johnny Rutherford
2017	Chevrolet Corvette C7 Grand Sport	Jeffrey Dean Morgan / Sarah Fisher
2018	Chevrolet Corvette C7 ZR1	Victor Oladipo / Sarah Fisher

Outra série especial, dessa vez em alusão ao carro-madrinha, foi lançada, também com pintura bicolor, só que em preto sobre prata. Limitada a 6.500 carros, foi equipada com pneus com faixas vermelhas e mais largos – P255/60R15 no lugar do usual jogo P225/70R15 –, traseira estilo "rabo de pato", defletores dianteiros e painéis de vidro no teto (esses dois itens entrariam no catálogo de opcionais para toda a linha). Na extremidade do capô, havia o emblema especial de 25 anos na forma de uma base circular para a logomarca do modelo.

A produção em St. Louis bateu novo recorde, com 53.807 unidades produzidas em 1979, mesmo ano em que, pela primeira vez, o preço do Corvette ultrapassou a barreira dos US$ 10 mil. Em 1980, defletores integrados na frente e atrás, no lugar dos *spoilers* oferecidos como opcionais, melhoraram o Cx (coeficiente de penetração aerodinâmica) do Corvette de 0,503 para 0,443. Na estrutura, componentes do diferencial e travessas do chassi feitas de alumínio garantiram mais leveza e estabilidade.

Antes de se despedir, o esportivo ganhou casa nova – e residência fixa até os dias de hoje. Em 1º de

A série especial para a Indy 500, de 1978, tinha pintura bicolor

junho de 1981, a moderna fábrica de Bowling Green, no Kentucky, produzia o seu primeiro Corvette. Lá também foi feita toda a linha de 1982.

A questão ambiental não era uma particularidade californiana, e a GM se apressava em tornar o Corvette novamente rápido e ecologicamente responsável. Em 1982, o motor L83 ganhava pela primeira vez injeção monoponto Cross Fire, com potência aumentada para 200 cv, mais econômico e com emissões de carbono reduzidas. O câmbio manual, porém, saía de cena e só havia disponível a transmissão automática de quatro marchas. Ao mesmo tempo, a suspensão foi retrabalhada, e o modelo passou a oferecer ajustes elétricos para o banco do motorista.

A série Collector Edition foi o apagar das luzes mais do que especial para o Corvette C3. Curiosamente, foi essa edição que adotou a personalidade *fastback*, com o vidro traseiro que se abria totalmente como em um *hatch*. Vendido na cor bege metálico, o modelo se destacava ainda pelas rodas raiadas, pelo efeito *dégradé* na pintura lateral e pelo acabamento interno diferenciado.

Para marcar o último ano de produção da terceira geração, a série especial Collector Edition, de 1982

Terceira geração (1968-1982)

Além da performance, da potência e do desenho marcante, o Corvette tem muitas histórias fascinantes. Uma delas envolve o ano em que, oficialmente, o esportivo não existiu em termos comerciais. A linha 1983 – curiosamente, a que marcaria os 30 anos de vida do esportivo – não foi vendida e só sobrou um protótipo "para contar a história". História que tem seu início ainda nos anos 1970.

Em meados daquela década, a equipe do estúdio Chevy 3, o departamento de estilo da General Motors, propôs um Corvette com motor central traseiro V6, mais compacto (2.8 litros). Uma "mula" – plataforma de um novo carro sobre a qual se monta a carroceria de outro já existente, usada para testes – chegou a ser feita com base no Porsche 914. Só que, em 1977, a marca alemã apresentou o novo 928 com um V8 dianteiro e tração

Traseira do Corvette 1984

traseira convencional. Curiosamente, descobriu-se que os projetistas alemães se inspiraram no... Corvette 1976.

O projeto do Corvette, então, voltou à tradição do V8, mas o plano era desenvolver uma nova geração realmente inovadora. O esportivo foi buscar redução de peso com a engenharia aprimorada no chassi do tipo espinha dorsal (*backbone*), em vez do tipo perimetral. O conjunto usava materiais nobres e de alumínio, o que resultou em uma estrutura 300 kg mais leve do que a da geração anterior.

Molas transversais semielípticas de fibra de vidro e material composto (já testadas no fim de vida do C3), direção por pinhão e cremalheira e freios a disco Girlock eram algumas das novidades que estavam por vir. A suspensão retrabalhada trazia, ainda, cinco braços na traseira, no lugar do jogo *three-link*, e braços inferiores de alumínio na dianteira.

Originalmente, o planejamento da GM previa o lançamento do Corvette C4 para 1982, como linha 1983. Só que a recém-inaugurada fábrica do Kentucky

Para os especialistas, o Corvette C4 marcou uma nova era para os esportivos de luxo americanos

A traseira *fastback* e saídas de ar laterais eram características da quarta geração

precisava se adequar a um projeto com tantas inovações, e isso demandava tempo. Naquele ano, 43 unidades da linha 1983 do Vette foram feitas em Bowling Green, sendo 33 carros-piloto e 10 protótipos. Ainda não estavam do jeito que a GM queria, e todos foram destruídos, exceto um que foi destinado ao futuro Museu do Corvette. Dizem que cada um desses carros custou à GM cerca de US$ 500 mil.

Ajustados o carro e a fábrica, o primeiro C4 da linha 1984 foi produzido em 6 de janeiro de 1983. Antes do lançamento oficial nas revendas, 69 unidades foram colocadas para testes. Depois das avaliações, outros 679 carros saíram de Bowling Green para a Califórnia, em fevereiro de 1983, para os eventos de apresentação aos concessionários. O esportivo passou a ser vendido oficialmente em 24 de março. Para muitos, essa quarta geração do Corvette marcaria uma nova era para os esportivos de luxo americanos.

O desenho, como sempre, arrancava suspiros e mantinha as peculiaridades do Vette. O capô longo e abaulado com as caixas de roda proeminentes e os faróis escamoteáveis estavam lá, mas a grade dupla frontal dava lugar ao par de luzes auxiliares afiladas e com os piscas integrados. O vidro dianteiro ficou ainda mais inclinado, com 65 graus, e a traseira *fastback* foi mantida. Fendas voltaram a fazer as vezes de saídas de ar nas laterais.

O esportivo também ficou discretamente mais compacto, apesar do amplo capô sugerir o contrário e do ganho de 5 cm na largura. Em relação à terceira geração, o modelo perdeu 22 cm no comprimento, 5 cm no entre-eixos e 2,5 cm na altura. O novo porte lhe conferiu centro de gravidade baixo e ótimo coeficiente aerodinâmico: Cx de 0,34.

O painel de instrumentos era considerado de difícil visualização

A "cavalaria" sob o capô, contudo, ainda era tímida. Levemente recuado dentro do cofre, o V8 da linha L83 ganhou injeção eletrônica Rochester TBI, catalisador e 5 cv, totalizando 205 cv, com velocidade máxima de 220 km/h. O túnel de transmissão teve de ser ampliado para o sistema de escapamento, e o câmbio automático foi um capítulo à parte. Chamado de 4 + 3 e desenvolvido por Doug Nash, era de quatro marchas, mas a segunda, a terceira e a quarta marchas tinham seu *overdrive*, a caixa auxiliar, acionada por controle eletrônico, que trabalhava a rotações menores.

O Corvette C4 também precisava ser inovador aos olhos do público. Por dentro, o esportivo trouxe bancos com ajuste lombar e painel de instrumentos configurável – entretanto, de difícil visualização, segundo a imprensa especializada na época. Por fora, vistosas rodas de liga leve com aros de 16" e os largos pneus Goodyear Eagle GT P255/50VR16.

O Vette foi o primeiro modelo da GM a ganhar injeção eletrônica multiponto, em 1985, no motor L98

O modelo conversível voltou a ser produzido em 1986, e foi o carro-madrinha da 500 Milhas

Essa geração não poderia abrir mão de um "pacote" esportivo. O Z51 recebia pneus com medidas P215/66ZR, além de suspensão com molas, buchas e amortecedores *heavy-duty*, e barras estabilizadoras mais rígidas. Também tinha direito a um segundo ventilador para o radiador.

Em 1985, coube ao Corvette novamente o papel de protagonista e pioneiro dentro da GM. Foi o primeiro carro da marca a receber a injeção eletrônica multiponto, chamada *tuned port injection* (TPI). O sistema oferecia economia e menos emissões de carbono sem abrir mão de desempenho, como era comum nos propulsores com injeção.

Com a TPI, o motor L98 alcançava 230 cv, fornecia torque de 46,5 mkgf e alcançava a velocidade máxima de 241 km/h. Novamente, o Vette era o carro mais rápido produzido em terras americanas, o que fez a revista *Car and Driver* sacramentar: "O rei da estrada renasceu".

No início de 1986, um carro-conceito premeditou outras boas novas para a linha. No Salão de Detroit, em janeiro, a GM mostrou o Corvette Indy. O sobrenome era referência ao motor 2.6V8 biturbo Indy Car, posicionado transversalmente atrás da cabine. Era um conceito improvável e futurista demais, é verdade, mas deve ter sido um alento para aquela turma que planejou, nos anos 1970, o Corvette com motor central traseiro, que não saiu do papel.

Passados alguns meses do Salão, a configuração conversível do Vette voltou a ser produzida e seria novamente o carro-madrinha de Indianápolis (ver box na página 46), com direito a série especial. Os cabeçotes de alumínio disponíveis para algumas versões ajudavam a tornar o motor L98 5 cv mais potente. Nos freios, o modelo passou a ser equipado com sistema ABS.

Para não deixar a década sem celebração, a GM resolveu comemorar os 35 anos do esportivo. Em abril de 1988, o fabricante iniciou a venda de 2.500 unidades com o "pacote" especial de aniversário RPO Z01, apenas para as configurações cupê. Destacava-se já pela pintura branca especial, replicada nas rodas aro 17", no volante e nos bancos de couro personalizados.

Uma plaquinha com o número da edição ficava à frente da alavanca do câmbio 4 + 3. Entre os opcionais, ar-condicionado automático e suspensão esportiva. Foi nessa época de celebração que surgiu na linha o fruto da parceria entre General Motors e Lotus, o que culminou na combinação de arrojo e performance: o ZR1 (ver box na página 90).

As inovações continuavam. Em 1989, o Corvette estreou a transmissão manual de seis marchas opcional e o *selective ride control system*, sistema de regulagem da carga dos amortecedores com três modos: *touring*, *sport* e *competition*. *Airbag* para motorista, monitoramento da pressão dos pneus e teto rígido para o conversível foram outros itens implementados no ano em que o criticado quadro de instrumentos digital cedeu lugar a um analógico.

Alterações estéticas só chegaram em 1991. A carroceria passou a ter contornos levemente arredondados. O par de fendas laterais virou quarteto, o carro recebeu novas rodas e a traseira ficou mais parruda, inspirada nas versões ZR1. Demoraria mais um ano para a GM mexer nos motores da linha, que passou a usar o 5.7V8 (LT1) com 300 cv de potência. A reboque, o modelo foi equipado com controle eletrônico de tração de série. E, em 1992, a produção atingiu a marca de 1 milhão de unidades.

Mais uma edição especial de aniversário (40º) foi preparada. Foram 4.204 cupês, 2.043 conversíveis e 245 ZR1 que receberam o "pacote" Z25, com exclusiva

Para celebrar 35 anos, a edição RPO ZO1 tinha pintura branca especial e rodas aro 17"

Corvette ZR1 Spyder

cor vermelho-rubi, emblemas cromados na carroceria, bancos de couro vermelho e rodas especiais. A data ainda serviu para a inauguração do Museu Nacional do Corvette, bem ao lado da fábrica de Bowling Green, onde, como já dito, é possível apreciar aquele único modelo sobrevivente da linha 1983.

Painel redesenhado, *airbag* duplo dianteiro e bancos mais esportivos já davam vigor ao fim de estrada do C4. Em 1994, mesmo ano em que, de novo, foi carro-madrinha em Indianápolis, o Vette também foi um dos primeiros carros da indústria automotiva a experimentar pneus *run flat* (capazes de rodar por dezenas de quilômetros, a velocidade limitada, mesmo parcialmente vazios). Entre os conversíveis, o vidro traseiro com desembaçador substituía o de plástico.

O controle eletrônico da suspensão desse último Corvette da quarta geração possibilitava, agora, dosar a carga de cada amortecedor em separado. E, como já

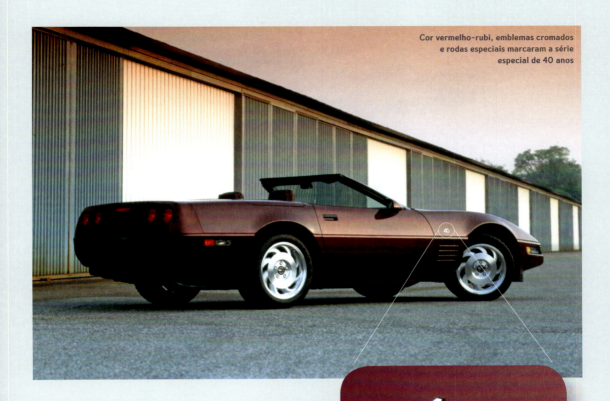

Cor vermelho-rubi, emblemas cromados e rodas especiais marcaram a série especial de 40 anos

era tradição, o último ano de produção veio com séries especiais. A Collectors Edition (edição para colecionadores) era vendida na cor prata e com bancos de couro. Já a Grand Sport era equipada com a nova versão do motor LT4 de 330 cv (10% mais potente) e tinha o apelo visual dos carros de competição: cor azul com faixas centrais brancas e rodas aro 17", emprestadas do ZR1, só que pintadas de preto. Nada mais justo para o Corvette que rompeu paradigmas.

Quarta geração (1984-1996)

capítulo 5
Quinta geração
(1997-2004)

Já na era da globalização, o Corvette, em sua quinta geração, sofreu influências tanto em seu desenho como na lógica da construção. Mas, tal qual o C4, o C5 também padeceu de atrasos no seu lançamento. Fatores diversos adiaram os planos iniciais de lançar o modelo em 1993, no embalo do aniversário de 40 anos do esportivo.

A General Motors havia experimentado três diferentes presidentes em um curto espaço de tempo (Roger Smith, em agosto de 1990; sucedido por Robert Stempel, que durou só dois anos no cargo, e deu lugar a Jack Smith) e amargava o prejuízo assustador de US$ 24,2 bilhões.

A equipe do Chevy 3 (o estúdio interno da GM responsável pelo desenho do carro desde 1974) também estava no meio desse furacão de mudanças. No fim de 1992, David Hill, ex-Cadillac, assumiu a função de engenheiro-chefe do Vette após a aposentadoria de Dave McLellan. Charles Jordan,

O carro-conceito Stingray III, de 1992

vice-presidente de desenho da GM, tocava – dizem, com pulso forte – o desenvolvimento do carro. Ainda no time, Jerry Palmer, chefe da equipe, escolheu Wayne Cherry para cuidar da parte financeira do projeto do C5 e passou a supervisionar John Cafaro no estilo de fato.

Entretanto, os primeiros esboços do Vette não agradaram e Jordan acabou recorrendo a outras fontes, mas sem avisar Cafaro. Ele encomendou estudos para um estúdio californiano chamado ACC, que até criou cinco opções do Vette C5. Além disso, ele também promoveu um concurso interno no Advanced 4, outro departamento interno do grupo. Porém, Cafaro surpreendeu e, em 1992, criou o projeto Black Car, que usava como base a estrutura do C4, mas com um desenho considerado excitante e primoroso.

O gerente-geral da GM Jim Perkins ficou maravilhado com os traços do projeto e passou a desenvolver o novo chassi que acomodaria aquele visual. Em seguida, conseguiu US$ 1 milhão dentro do orçamento da empresa para iniciar os testes com mulas, e o C5, enfim, começou a tomar forma.

Som Bose e banco do motorista com regulagem elétrica e memória eram algumas das novidades na cabine

No C5, a rigidez torcional do esportivo foi melhorada com uma camada de madeira leve no assoalho e um transeixo na traseira

Em 6 de janeiro de 1997, a quinta geração do Corvette finalmente surgiu aos olhos do público no Salão de Detroit. O desenho robusto tinha linhas arredondadas na carroceria de fibra, que conferiam ares de superesportivo ao cupê. O modelo resgatou as entradas de ar duplas na frente, inovou com lanternas ovais na traseira e manteve as saídas de ar laterais e os faróis escamoteáveis.

O carro ganhou apenas 5 cm no comprimento (4,56 m no total), mas esticou consideráveis 21 cm no entre-eixos (de 2,44 m para 2,65 m), antecipando uma tendência mundial de aumentar os automóveis por dentro sem aumentar demasiadamente por fora. A engenharia da GM, mais uma vez, fez das suas maravilhas aprimorando a rigidez torcional, ao usar uma camada de madeira leve e de baixo peso no material do assoalho e empregar um transeixo na traseira.

Ao mesmo tempo, a adoção de alumínio – outro movimento claro da indústria automotiva mundial na busca por redução de peso – se propagou nessa quinta geração do Corvette. A estrutura do para-brisa, as pinças do freio, o subchassi e a bomba da direção Magnasteer eram feitos desse material. A suspensão também tinha braços de alumínio, com duas opções de configuração: a Z51, com molas, amortecedores e barras estabilizadoras mais firmes; e a F45, que ajustava eletronicamente a carga conforme o tipo de via e permitia ao motorista escolher entre três modos de regulagem.

O clássico 350V8 também aderiu à era do alumínio em toda a sua construção: bloco, cilindros e cabeçotes. A nova geração (LS1) do motor tinha cilindrada menor (5.665 cm^3), mas gerava potência de 345 cv e torque máximo de 48,4 mkgf a 4.400 rpm. Com a caixa automática de quatro marchas, precisava de apenas 4,7 segundos para sair da inércia e alcançar os 96 km/h. A velocidade final era de 277 km/h.

Pela primeira vez, o Vette adotou medidas de rodas diferentes na frente e atrás. A dianteira vinha com aros 17", enquanto a traseira ostentava aros 18", todas com pneus Goodyear *run flat* (P245/45ZR17 e P275/40ZR18) capazes de rodar 300 km vazios. Ao fim desse conjunto da obra, o Corvette C5 melhorou o seu coeficiente aerodinâmico, que passou de Cx 0,34 para Cx 0,29.

Em relação ao conforto, o Vette recebeu som Bose e computador de bordo em quatro idiomas. O banco do motorista tinha regulagens elétricas e o sistema de memória não só guardava a posição do assento, como também a regulagem dos retrovisores e até a temperatura do ar-condicionado.

Outro avanço desse Corvette em relação ao antecessor não estava visível, mas já mostrava a busca por logística e estruturas menos complexas no setor. O C5 apareceu com a incrível marca de 1.500 componentes a menos que o C4, o que se traduzia em menos peso, melhor balanço, menor nível de ruído e simplificação não

O C5 já traduzia a busca da indústria por redução de peso: estrutura do para-brisa, pinças de freio, subchassi e bomba da direção eram de alumínio

Em 1998, estreou o conversível da quinta geração

só na linha de montagem, mas também no pós-venda. Tanto que os intervalos de manutenção obrigatória do Vette foram aumentados. "As 1.500 partes a menos significam 1.500 menos chances de algo dar errado", simplificou o gerente de qualidade Rod Michaelson.

Em 1998, surgiu o modelo conversível do esportivo. Como já estava nos planos durante o desenvolvimento do C5, o modelo sem capota conseguiu chegar a um peso de 1.472 kg, apenas 1 quilo a mais que o cupê. O console entre os bancos remetia aos primeiros Corvettes e o carro permitia acesso externo ao porta-malas. No mesmo ano, a configuração ganhou a série limitada que replicava o carro-madrinha que participou novamente de Indianápolis.

No ano seguinte, pela primeira vez, o Vette ofereceu três configurações de carroceria. A versão *hardtop* foi lançada em 1999 para ser o modelo mais chamativo e de resgate da pureza esportiva, segundo palavras dos próprios executivos da época. Só que sem ser muito caro. Pelo contrário, era o carro de entrada da linha e custava US$ 400 a menos que o cupê mais barato da época.

O conceito de *hardtop* pode ser definido como um conversível com capota fixa, ou seja, um carro sem a coluna central. Na prática, era o cupê de dois lugares com os três volumes bem definidos – a traseira tinha traços retilíneos. A versão usou a suspensão Z51, era 80 kg mais leve que o cupê, mas não podia ser equipada com a transmissão automática. Embora não tenha vendido bem, pôde se orgulhar de ter servido de base para outro lendário Corvette.

O ano era 2001 e, apesar da evolução que o C5 representava, David Hill não estava totalmente satisfeito.

Nenhum esportivo foi mais vezes carro-madrinha da Indy 500 do que o Vette

Quinta geração (1997-2004)

Em 2001, o Corvette era equipado com motor V8 de 385 cv e torque de 53,2 mkgf

O C5-R, a versão de corrida do Vette, em ação nas 24 Horas de Le Mans de 2001

Para o engenheiro-chefe, faltava uma pegada realmente esportiva naquela geração. Na opinião dele, muitos clientes do Vette estariam dispostos a abrir mão de conforto e conveniência para ter esse tempero a mais. O *hardtop* foi o primeiro ensaio dessas ideias de Hill; o Z06 resumiu as suas reais "segundas intenções".

Na mesma configuração de cupê três volumes com capota rígida, a versão Z06 surgiu em 2001 "voltada para entusiastas do desempenho em alto nível", segundo a própria GM. Essa versão se firmava como terceira opção de carroceria da linha, mas era diretamente oposta ao *hardtop* no que dizia respeito a posicionamento de mercado: custava US$ 500 a mais.

Para atender aos entusiastas, o motor V8 aprimorado gerava 385 cv e torque de 53,2 mkgf a 4.400 rpm, e o câmbio era sempre o manual de seis marchas – essa potência subiu para 405 cv em 2002. O Z06 pesava 1.439 kg, 33 kg mais leve que o cupê, e adotava pneus com medidas P265/40ZR17 na frente e P295/35ZR18

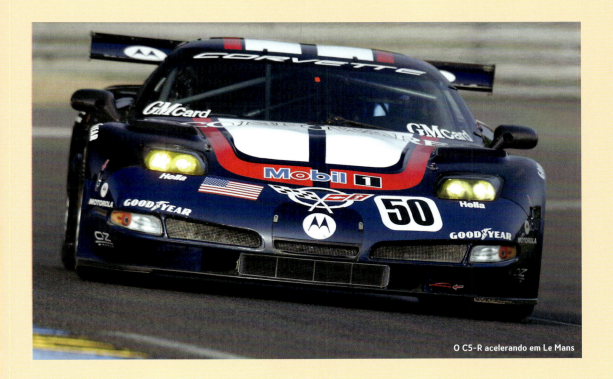

O C5-R acelerando em Le Mans

atrás, no lugar do jogo *run flat*. A suspensão era a mesma da linha, porém, tinha calibragem mais rígida de amortecedores e molas. O carro usava escapamento feito de titânio e acabou recebendo dutos para resfriar os freios.

Entre 2001 e 2002, a gama ganhou discretas novidades, como faróis de neblina, bancos esportivos e ar-condicionado bizona. E com o C6 a caminho, em 2003 a GM lançou as tradicionais edições especiais de aniversário de 50 anos. A primeira delas vinha na cor vinho, com interior no padrão bege, e era equipada com amortecedores magnéticos ajustáveis.

Um ano depois, a Commemorative Edition Z06 trazia capô de fibra de carbono e pintura azul em homenagem ao C5-R que disputou as "24 Horas de Le Mans". Uma bela despedida para a geração do Corvette que superou uma nova fase de dificuldades e, mesmo assim, conseguiu se alinhar às tendências da indústria e alcançar seu estado esportivo mais puro.

Quinta geração (1997-2004)

Era consenso na General Motors que o C5 elevou consideravelmente o patamar de construção do Corvette e ressaltou sua faceta esportiva. Essa evolução implicaria, obviamente, clientes e fãs mais exigentes daquele momento em diante. Ciente disso, David Hill começou a trabalhar cedo no desenvolvimento do C6, e a sexta geração precisava ainda aparar muitas arestas do modelo anterior. A ordem na equipe era principalmente oferecer conforto maior e uma plataforma mais firme.

Hill considerava que o C5 era 90% perfeito. A meta era que o C6 elevasse esse índice para 99% em sua estatística pessoal. Por essa razão, 70% dos componentes da sexta geração do Vette eram totalmente novos em relação ao C5. "Melhoramos muito o desempenho e desenvolvemos novos recursos e capacidades em muitas partes do carro, ao mesmo tempo que, sistematicamente, procuramos e eliminamos todas as imperfeições que pudemos encontrar", garantiu o engenheiro-chefe.

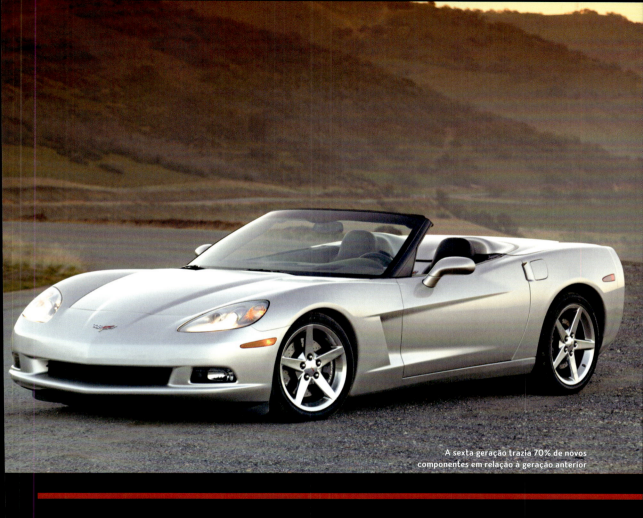

A sexta geração trazia 70% de novos componentes em relação à geração anterior

Sexta geração (2005-2013)

Só que essa geração também provaria seu poder mitológico para superar os infindáveis contratempos. Os ataques de 11 de setembro de 2001 e suas consequências na economia americana alteraram os planos da GM de lançar o carro em 2003 para aproveitar os 50 anos do esportivo. Aí, coube ao time de colaboradores da GM fazer parte da história de superações que envolvem o Corvette.

Cerca de 200 engenheiros e mais de 1000 funcionários se empenharam para fazer com que o C6 fosse mostrado no Salão de Detroit de 2004 e chegasse ao mercado no terceiro trimestre do mesmo ano. Trabalharam além do horário e, muitas vezes, viraram noites dentro da fábrica. Nem os finais de semana escaparam.

O time sob o comando de Hill era composto por Tadge Juechter, engenheiro-chefe assistente; Bill Nichols, responsável pelo trabalho do conjunto mecânico; Dave Zimmerman, que cuidou do desenvolvimento do chassi; Fernando Krambeck, o nome encarregado do interior do C6; e Tom Froling, que passou boa parte daquele período no laboratório de túnel de vento para criar um dos Vettes mais aerodinâmicos da história. Já o *design* ficou a cargo de Tom Peters.

O desenho foi responsabilidade de Ed Welburn e quebrou alguns paradigmas. Depois de mais de quatro décadas, o Corvette abandonou os faróis

O desenvolvimento do C6 envolveu mais de mil funcionários da GM

escamoteáveis e deu lugar a lentes angulosas com quatro seções e luzes de xenônio. Elas acompanhavam os para-lamas salientes, que pareciam saltar da carroceria. Atrás, as quatro lanternas passaram a ser redondas. O esportivo ficou mais anguloso, cheio de vincos e com contornos arredondados, que resultaram em mais um excelente coeficiente de arrasto: Cx 0,28.

Para acompanhar a evolução esportiva da linha, o chassi de aço usava partes de alumínio e magnésio, o que aprimorou a rigidez torcional, enquanto a suspensão era totalmente nova, com acerto mais firme e geometria maior. O pacote Z51 permaneceu com o *magnetic selective ride control*, que ajusta a carga das molas e amortecedores. Os freios ficaram maiores, com discos de 325 mm de diâmetro na frente e 304 mm atrás, enquanto as rodas aumentaram para aros de 18" na dianteira e de 19" na traseira.

Nas medidas, o esportivo ficou mais compacto. Era 12 cm mais curto, com 4,43 m de um para-choque ao outro. Perdeu também 2,5 cm na largura, mas, novamente, o entre-eixos cresceu: agora, 3 cm, passando de 2,65 m para 2,68 m. A dieta nas medidas se refletiu no peso. O cupê pesava 1.441 kg, enquanto o conversível era só 10 kg mais pesado.

Paralelamente, a era do *downsizing* – motores compactos, leves e mais eficientes – já se desenhava na indústria automotiva mundial e contribuía para essa busca por redução de peso. O C6 estreou com o V8 LS2 de alumínio, com 6.0 litros, injeção sequencial, taxa de compressão elevada (10,9:1), variação nos comandos de admissão e escape aprimorados em 15% e 20%, respectivamente, 400 cv de potência e 55,3 mkgf de torque máximo disponível a 4.400 giros.

O chassi tinha partes de alumínio e magnésio para reduzir o peso e aprimorar a rigidez

O Z06 "civil" de 2006 e a derivação para as pistas C6R (ao fundo)

Segundo a GM, o conjunto, que incluía como câmbio padrão o manual de seis marchas, adotou coletores de escapamento mais finos e bomba de água compacta. Isso contribuiu para um bloco 6,8 kg mais leve. O motor fazia a média de 9,6 km/l com gasolina e se mostrava superior em eficiência até ao 5.7V8 do C5, de 350 cv.

No interior, havia sofisticação e a busca pela essência esportiva no conceito de duplo *cockpit*. O C6 trouxe de série o *head-up display* (sistema de projeção de informações, como a velocidade, no para-brisa, que era opcional no C5), chave presencial com sensor para partida do motor por meio de botão no console, além de sistema multimídia com o serviço de *concierge* OnStar, GPS e rádio via satélite.

Nessa estratégia de aprimorar a evolução e a esportividade do Corvette, além de atender a consumidores cada vez mais exigentes, o Z06 não poderia ser abandonado. A versão "nervosa" da linha ganhou sua geração C6 em 2005, também no Salão de Detroit, para se tornar o GM mais potente da história até então. O novo V8 LS7 *small-block* com 7.0 litros usava tecnologias vindas das pistas, como virabrequim e pistões forjados, bielas e válvulas de admissão de titânio e lubrificação por cárter seco. Com 505 cv e 65 mkgf, conseguiu uma relação peso-potência de ótimos 2,8 kg/cv. Dessa forma, o modelo fazia de zero a 96 km/h em menos de 4 segundos, e a máxima chegava a 305 km/h.

Contribuiu para essa performance do Z06 a estrutura com subchassi de magnésio e carroceria

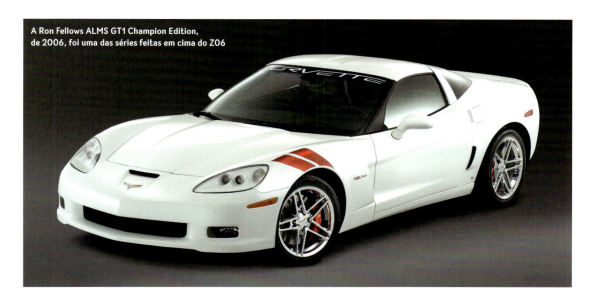

A Ron Fellows ALMS GT1 Champion Edition, de 2006, foi uma das séries feitas em cima do Z06

Sexta geração (2005-2013)

O V8 LS7 usava tecnologias de competições, como virabrequim e pistões forjados, bielas e válvulas de admissão de titânio, e lubrificação por cárter seco

Em 2006, a opcional transmissão automática passou a ser de seis marchas, com modo *sport* e possibilidade de mudanças sequenciais manuais por meio de borboletas instaladas atrás do volante (*paddle-shift*). No ano seguinte, o que mais chamou a atenção foi a nova e vistosa opção de tom perolizado denominado *atomic orange* (laranja atômica). Custava adicionais US$ 750, já que demandava a aplicação de tratamento especial para receber a cor.

A tonalidade, inclusive, serviu de base para mais uma série especial do conversível em homenagem ao carro-madrinha da 500 Milhas. No mesmo ano, outra edição limitada a 500 unidades, em cima do Z06, foi a Ron Fellows ALMS GT1 Champion Edition. Inspirada nos C5R e C6R que competiram e venceram muitas provas da American Le Mans, vinha na cor branca, com

construída com alumínio, compostos de plástico e fibra de carbono, o que o deixava 21 kg mais leve que o cupê. Os freios tinham discos maiores e seis pinças e o sistema de refrigeração foi todo aprimorado, enquanto a bateria posicionada na traseira visava melhorar a distribuição de peso. Na carroceria, a versão se diferenciou pelos defletores exclusivos e para-lamas traseiros maiores. O teto com painéis fixos ajudava a tornar a carroceria do esportivo ainda mais rígida e equilibrada.

adesivos vermelhos na carroceria, em alusão aos históricos e campeões carros das classes GT1 e GTS. E, no acabamento interno, o autógrafo do piloto canadense Ron Fellows, que emprestou o nome à série.

O 6.2V8 LS3, com 430 cv e 58,6 mkgf de torque, passou a ser o motor "de entrada" da linha em 2008. Havia a opção de escapamento mais livre, o que aumentava os números para 436 cv e 60,6 mkgf. Além disso, outra edição especial em alusão ao carro-madrinha de Indianápolis apareceu nas configurações cupê e conversível, dessa vez com direito à assinatura do duas vezes vencedor da prova e bicampeão da Fórmula 1, o brasileiro Emerson Fittipaldi.

Em 2009, mesmo ano em que o lendário ZR1 voltava à cena, a GM apresentava dois "pacotes" para o Vette em homenagem às pistas, voltados, segundo o fabricante, para entusiastas e iniciantes no automobilismo: Sport Competition e GT1 Championship Edition. Este último incluía cor amarela, bordados nos bancos (com direito a uma caveira), acabamento preto no "V" sobre o capô, rodas exclusivas e faróis com lentes escurecidas.

A edição especial do carro-madrinha da Indy 500, em 2008, tinha assinatura do supercampeão Emerson Fittipaldi

O resgate da cor tradicional vermelha, chamada *torch red*, aconteceu em 2010 e fez sucesso. Com 2.249 unidades vendidas, foi a segunda opção mais procurada naquele ano, atrás apenas do preto, usado em 2.929 carros. Na parte mecânica, a caixa automática de seis marchas foi retrabalhada e ganhou sistema de modulação do torque, o que maximiza as acelerações nas arrancadas. Já a transmissão manual passou a vir com controle de largada. Nos motores, além do 6.2 LS3 de 430 cv, havia o 7.0 LS7 de 505 cv e o 6.2 LS9 de 638 cv.

Outra série homenageava, dessa vez, a persistência esportiva de Zora Duntov, morto em 1996. O emblema Grand Sport era revivido após 36 anos com o cupê de teto removível. Um dos pais do Vette se orgulharia da edição com motor 6.2 litros, para-lamas alargados, rodas exclusivas, freios redimensionados e o acerto da suspensão magnética do Z06.

Os últimos anos do C6 foram marcados por grandes celebrações para lá de especiais. Em 2011, a marca Chevrolet comemorava 100 anos de existência e, em abril, a GM lançou o histórico Corvette Centennial Edition para as versões Grand Sport Z06 e ZR1. Todas saíam na cor preto-carbono, com grafismos na carroceria, rodas escurecidas, além de pneus com faixas e pinças dos freios vermelhas.

Nas colunas centrais, uma imagem estilizada de Louis Chevrolet aparece no selo de identificação da

Em 2010, o Vette resgata a tradicional cor *torch red*

série. A marca registrada da edição também foi repetida nos encostos do banco, nas rodas e no centro do volante. O interior se destacava pelo acabamento, que misturava couro e camurça pretos com costuras vermelhas aparentes. A suspensão com acerto magnético fazia parte do kit.

Outro aniversário começou a ser celebrado ainda em 2012: os 60 anos do Corvette, que seriam comemorados no ano seguinte. A série 427 Convertible foi montada com capô, para-lamas e painéis das portas feitos de fibra de carbono. Com o motor LS7 de 505 cv, conseguia a relação de peso/potência de 1 cv para cada 6,64 kg; melhor do que os conversíveis esportivos europeus renomados, como Porsche 911 Turbo S Cabriolet, Audi R8 RSI Spyder, Aston Martin DBS Volante e Ferrari California.

Além do *magnetic selective ride*, o 427 calçava pneus Michelin PS2. Os dados da GM apontavam de zero a 96 km/h em 3,8 segundos e máxima de 315 km/h. No estilo, os 2.552 carros da edição tinham faróis com máscara negra, *spoiler* traseiro e podiam receber faixas duplas azuis na carroceria. Todos os Vette feitos em 2013, a propósito, vieram com emblemas alusivos ao 60º aniversário da linha para encerrar com estilo a geração ainda mais aprimorada e esportiva e preparar terreno para o aguardado C7, que já causava *frisson* desde a apresentação do Stingray Concept, em 2009.

Corvette Centennial Edition, de 2011, lançado para celebrar os 100 anos da marca Chevrolet

Sexta geração (2005-2013)

Ao lado da primeira geração, a série 427 do C6 conversível contava com com capô, para-lamas e painéis das portas em fibra de carbono. Além disso, trazia faróis com máscara negra, aerofólio traseiro e faixas duplas azuis opcionais

CORVETTE ZR1

Se o Corvette é considerado o mais emblemático dos esportivos americanos, o ZR1 pode ser definido facilmente como o rei dos Corvette. A versão mais lendária e potente do modelo nasceu da geração C4, fruto de uma parceria da General Motors e das preocupações – justificáveis – do fabricante em relação à concorrência internacional.

Em 1984, a GM estava empolgada com a quarta geração do Vette, recentemente lançada, mas movimentações do outro lado do mundo perturbavam qualquer animação por parte do fabricante. Loyd Reuss, vice-presidente e gerente-geral da Chevrolet-Pontiac-Canadá, estava atento aos esportivos japoneses, que já começavam a mostrar certa ousadia no cenário automotivo global.

Coube ao diretor de engenharia de Powertrain, Russ Gee, e ao engenheiro-chefe de motores, Roy Midgley, a missão de desenvolver um conjunto mecânico de demonstração de poder. A ideia era ter um motor que superasse os 300 cv de potência. No início, pensaram no V6 turbo, mas era quase unanimidade na GM que os clientes e fãs do Vette se decepcionariam com um mero seis-cilindros. Depois, sugeriram o V8 biturbo, logo descartado pelo alto consumo de combustível que a engenharia teria de contornar.

Ainda em 1984, a GM chegou a lançar um programa interno para projetos de motores multiválvulas de quatro, seis e oito cilindros. Foi então que a solução surgiu, vinda do outro lado do Atlântico, na porta do Centro Tecnológico da General Motors, em Warren, Michigan. O então diretor de engenharia da britânica Lotus, Tony Rudd, chegou da Inglaterra para uma visita e trouxe na bagagem a experiência de um motor V8 com quatro válvulas por cilindro, comando duplo e 350 cv.

Nascia ali a parceria responsável pelo reinado dos *sport cars*. De cara, Russ Gee pensou em adaptar o sistema multiválvulas do Lotus ao conhecido V8 da GM; no entanto, tal solução tinha limitações físicas, pois o bloco não caberia no compartimento do motor do Corvette C4. Era preciso fazer algo inteiramente novo para alcançar o topo da montanha.

Reuss "bancou" o projeto do novo bloco, compacto e com até 400 cv, junto à cúpula da GM, mas os altos custos eram um obstáculo. A solução foi estabelecer parceria com a Lotus para compartilhamento de tecnologias. Dessa forma, essa usina de força nasceu como um motor inteiramente de alumínio LT5 5.7V8, com comando duplo, 32 válvulas e 375 cv.

O início do reinado, contudo, não foi tão fácil – como em nenhum momento da vida do Corvette. Havia a questão da produção de um motor totalmente novo, mas de baixo volume, o que, para as unidades da GM na época, seria um problema em relação a custos e logística. Gee cogitou levar a produção para a Lotus, para a Coventry Climax e até para a fabricante de tratores John Deere, mas nenhuma tinha capacidade de produção. Encontrou a salvação na divisão Mercruiser, da Mercury Marine, de motores marítimos e uma das principais clientes da GM.

Fruto de uma parceria com a Lotus, o primeiro ZR1 foi lançado em 1990

Sexta geração (2005-2013)

A busca, é claro, atrasou os planos. Só em 1989 é que o modelo apareceu pela primeira vez no Salão de Genebra – para ser lançado comercialmente um ano depois. Foi chamado de King of the Hill, ou Rei da Montanha, pelo chefe de engenharia da GM, Don Runkleem. E como Reuss queria ter certeza de que o monarca se destacaria entre os súditos e os nobres, o ZR1 ganhou traseira 7,6 cm mais larga, com superfície convexa em vez de côncava e lanternas quadradas no lugar das circulares. Os pneus e rodas traseiros também eram maiores, com medidas 315/35ZR17 e aros de 17".

O ZR1 foi lançado em 1990, por US$ 27 mil (quase 85% mais caro que o Vette básico), dotado de suspensão com regulagem eletrônica e sempre com o câmbio manual de seis marchas, contudo com escalonamento específico. A sexta marcha tinha relação bastante longa (0,50:1) para funcionar como um *over drive* e reduzir as emissões de carbono e o consumo. Com três estágios de atuação do acelerador, o esportivo cumpria o zero a 96 km/h em 4,6 segundos e alcançava a velocidade final de 272 km/h. O poder do rei era tanto que uma chave específica permitia ao dono do carro desabilitar parte da potência quando fosse emprestá-lo ou deixá-lo com algum manobrista.

Em 1992, o rei foi desafiado. O Dodge Viper ostentava um V10 com 400 cv, mas nada abalava os engenheiros da Lotus, que "acharam" mais 30 cv para manter a dinastia do ZR1. Os 405 cv reais foram obtidos com mexidas nos cabeçotes e pistões reforçados. O carro também adotou velas com eletrodos de platina, novo sistema de escapamento e óleo lubrificante sintético. Naquele ano, a versão teve direito a 225 unidades das 448 produzidas na edição especial de 40 anos do Corvette.

Era sexta-feira, 28 de abril de 1995, quando o último exemplar do primeiro reinado do ZR1 saiu da fábrica do Kentucky. Ao todo, foram 6.939 unidades do ZR1 produzidas em cinco anos. O Rei da Montanha deixaria saudades, mas, como a imprensa especializada e a GM gostavam de repetir à época, a frase "vida longa ao rei" seria ouvida anos depois.

Mais exatamente 14 anos depois, em 2009, quando a sexta geração do Vette empoderou novamente o ZR1. O rei estava de volta com o mesmo motor 6.2V8 "de entrada" da linha, só que, dessa vez, trazia o compressor Eaton R2300 com rotor duplo, que ajudava a potência a alcançar incríveis 638 cv, além do torque de 83,5 mkgf disponível a 3.800 rpm. Fazia de zero a 100 km/h em 3,3 segundos e tornou-se o primeiro Corvette de rua a superar 200 milhas por hora (322 km/h).

Pelo painel transparente de policarbonato feito sobre o capô de fibra de carbono, era possível ver os detalhes azuis do motor e do *intercooler* duplo do coração do rei – conjunto logo apelidado carinhosamente de Demônio Azul. O manto do ZR1 também trazia fibra de carbono no teto, nas soleiras, nos defletores dianteiros e nos para-lamas.

Os freios Brembo com discos de carbono-cerâmica de 393 mm, na dianteira, e 381 mm, na traseira, tinham pinças azuis. Pneus Michelin Pilot Sport PS2 285/30 e 335/25 na frente e atrás, com respectivos aros de 19" e 20", faziam parte da roupagem. Já a suspensão vinha com o controle eletrônico *magnetic selective ride control*.

Em 2010, o ZR1 ganhou o *performance traction management (PTM)*, dispositivo que prometia melhor aderência do carro nas arrancadas. No ano seguinte, o rei fez parte das séries limitadas Centennial Edition em homenagem aos 100 anos da General Motors, com todas as unidades na cor preta, rodas escurecidas e pinças de freios vermelhas. Em 2012, foi a vez de o rei ser reverenciado na 500 Milhas de Indianápolis como carro-madrinha.

Mal sabiam os súditos presentes na Indy 500 do poder que o monarca exerceria em um futuro bem próximo. Em novembro de 2017, a GM lançou o ZR1 baseado na sétima geração. Simplesmente, o Corvette mais potente da história. O motor LT5 6.2V8 *supercharged* é o mesmo usado pela versão Z06 do C7, só que com sistema de injeção dupla e *intercooler* modificado. O câmbio era manual, de sete marchas, com opção da caixa automática de oito velocidades.

Dessa forma, o ZR1 gera indiscutíveis 765 cv de potência e colossais 98,9 mkgf de torque a 4.400 rpm. A relação peso-potência do cupê é inferior a 2 kg/cv, a velocidade máxima é de 338 km/h e o zero a 96 km/h fica abaixo dos 3 segundos. O rei recebeu, além de quatro radiadores extras (13 no total), pacote aerodinâmico para lidar com tanta fúria, que inclui o "halo" no capô de fibra de carbono, *spoilers* e novo para-choque. Também há opção de uma asa traseira ajustável, que exerce 430 kg de *downforce*.

Com esse motorzão, o ZR1 ainda teve direito a uma inédita versão conversível. Segundo a GM, graças ao chassi de alumínio, foram poucas as mudanças estruturais no modelo, mais especificamente para o teto dobrável (que pode ser recolhido ou aberto com o carro em movimento a até 48 km/h) e no reposicionamento dos cintos de segurança. Com isso, a diferença de peso para o cupê é de apenas 27 kg. Mais uma prova de que o rei terá vida bem longa.

Sétima geração
capítulo 7
(2014-2018)

Em 2007, os dias para o Corvette eram felizes. O esportivo bateu recorde com vendas acima das 40 mil unidades, o C6 colhia elogios na imprensa especializada e sobravam aplausos para o ZR1 e o Z06. Nada mais propício para que a General Motors começasse o planejamento do C7 naquele mesmo ano. Mas a sétima geração teria seus percalços, para comprovar mais uma vez o poder de superação do modelo.

Os planos previam um lançamento, em 2011, para celebrar o centenário da marca Chevrolet. O fabricante vislumbrava o carro com motor central, tração traseira e eixo, transmissão e diferencial integrados.

Evolução do logo do Corvette ao longo dos anos

Mas a sorte do C7 – da GM, da indústria e do mundo – foi bastante alterada naquele "setembro negro" de 2007, quando começou aquela que é considerada a maior crise financeira do mundo desde a Grande Depressão de 1929.

A hecatombe econômica global levou a GM a um complicado pedido de falência em 2008, quando foi socorrida pelo governo dos Estados Unidos em um dos capítulos mais inusitados do capitalismo moderno: 60% do principal fabricante privado do país mais desenvolvido do planeta estavam nas mãos do Estado – nem Karl Marx teria sido tão utópico. Antes disso, em dezembro do fatídico ano de 2007, o então presidente George W. Bush determinou novos padrões de consumo para os carros vendidos no país dentro da Corporate Average Fuel Economy (CAFE). A nova regulação previa que, até 2020, os veículos teriam de atingir médias de 35 milhas por galão – 14,8 km/l.

Evidentemente, os acontecimentos fizeram ruir os planos iniciais em relação ao C7, que também não sairia do forno tão cedo. Tadge Juechter, engenheiro da montadora, chegou a prever a extinção de toda a raça de carros esportivos em uma entrevista sobre as metas da CAFE.

O cenário nacional e global foi terreno fértil para florescerem inúmeros boatos sobre a sétima geração do Vette, de Detroit a Bowling Green. O primeiro deles previu um V6 no lugar do tradicional V8, já de olho nas médias de consumo previstas. As mudanças na cúpula que cuidava do esportivo deixaram o futuro do carro ainda mais incerto e indefinido. Tom Wallace, engenheiro-chefe que havia entrado no lugar de David Hill em 2006, deixou o cargo. Nos corredores,

Depois da tempestade financeira, o Corvette de sétima geração surgiu em 2014 com chassi todo de alumínio, 99 kg mais leve que o do C6

Sétima geração (2014-2018)

comentava-se que sua saída fora causada por divergências quanto ao C7, que teria a produção suspensa por tempo indeterminado.

Gene Stefanyshyn – o pai do renascimento do Camaro, em 2010 – assumiu o projeto ao lado de Tadge Juechter, Gary Claudio, Ron Meegan e John Heinrichy. Mesmo assim, com a GM ainda em crise financeira, já era consenso que o renovado Corvette não apareceria antes de 2014. Boatos de motor central e até de um turbo continuavam a rondar a linha de produção, a ponto de Juechter reclamar de uma revista americana que afirmou que o carro teria um V6, e desmenti-la publicamente.

A GM também alimentou a atmosfera de especulações. Em 2009, o carro-conceito Stingray revelou um conjunto híbrido, com motores a gás natural e elétrico. O CEO Bob Lutz teve de intervir rapidamente para explicar que se tratava de um "conceito puro", e o *designer* Tom Peters fez coro para não estimular teorias mais criativas quanto ao futuro motor do Vette: "Isso não é o C7".

Em agosto de 2010, o vice-presidente global de engenharia da GM, Karl-Friedrich Stracke, deu um basta nos rumores ao afirmar que motor central, caixa de dupla embreagem e V6 estavam fora dos projetos do futuro Corvette. O ritmo de produção oscilou (12.194 unidades em 2010; 13.598 em 2011 e 11.647 em 2012), mas os fãs do esportivo respiraram esperançosos quando, em maio de 2011, a GM, já mais saudável e dona do próprio nariz, anunciou investimentos de US$ 131 milhões para modernizar a fábrica de Bowling Green.

O protótipo do Stingray de 2009 alimentou rumores sobre o futuro C7

O alívio total se deu com o anúncio oficial de que o C7 seria apresentado no Salão de Detroit de 2013, já como modelo 2014.

Na capital do automóvel, a GM calou todos os rumores com classe. É verdade que a lógica do motor dianteiro com tração traseira foi mantida para não elevar custos, mas o C7 é um Corvette totalmente novo e não apenas um C6 aprimorado, como algumas maldosas línguas arriscaram. De fato, especificamente, só duas peças foram herdadas do antecessor: o filtro de ar e a trava traseira do teto removível do cupê.

A evolução ficou ainda mais evidente no chassi todo de alumínio, 99 kg mais leve que a sexta geração. A carroceria tem material composto de carbono; fibra de carbono no capô e no teto; alumínio nas portas, nos painéis traseiros e na sustentação do vidro de trás; além de estrutura de magnésio para os bancos. Dessa forma, o novo Vette não só melhorou sua rigidez em 57%, como alcançou, finalmente, a distribuição idêntica de peso entre os eixos, um dos sonhos de Duntov.

O desenho bastante anguloso mais uma vez impactou e causou reações diversas. Para os puristas, o Vette afastou-se das origens ao adotar linhas com muitos sulcos e vincos – principalmente nas laterais –, além de faróis grandes em forma de folha e da traseira (com quatro lanternas em forma de paralelogramos) claramente inspirada no Camaro.

Entretanto, o C7 resgatou as origens de uma forma que também comprovou a inovação e o avanço do carro.

Interior do Corvette C7 2014

Rigidez aumentada em 57% e distribuição 50/50 entre os eixos

No conversível, a capota de lona pode ser aberta com o carro a até 50 km/h

padrão GT e a opcional *sport competition*, com reforços laterais maiores e visual mais agressivo.

O quadro de instrumentos analógico trouxe o conta-giros para o centro, com bem mais destaque. O responsável por mover freneticamente esse ponteiro é o novo *small block* 6.2V8 LT1. De acordo com a GM, o motor consumiu mais de 10 milhões de horas de testes virtuais e outros 6 milhões de horas de avaliações em busca da eficiência ideal – não podemos esquecer os novos limites previstos pela CAFE.

Com 455 cv de potência, torque máximo de 63,6 mkgf e taxa de compressão de 11,5:1, o V8 traz inovações importantes, como injeção direta de combustível, variação nos comandos de válvulas e sistema *active fuel management*, que desliga até metade dos cilindros conforme a demanda. Assim, obteve médias de 12,9 km/l em avaliações da imprensa especializada. Consumo elogiável para um esportivo que vai de zero a 96 km/h em ligeiros 3,8 segundos.

O Vette também estreou o câmbio manual de sete marchas, instalado junto com o diferencial traseiro, dotado do *active rev matching*, que otimiza ainda mais seu desempenho. A cada mudança de marcha o dispositivo aumenta a aceleração. A caixa automática de seis velocidades permaneceu como opcional – curiosamente, nunca, em seus 65 anos de vida, o modelo teve uma transmissão de cinco marchas.

O C7 também chegou com freios de alta performance Brembo, direção com assistência elétrica e suspensão recalibrada com braços sobrepostos. O *driver mode select* veio com cinco modos de condução: *tour*, *weather*, *eco*, *sport* e *track* (este último para uso em circuitos fechados). O dispositivo atua em 12 partes do carro, desde as respostas e a rigidez da direção, amortecedores e acelerador, até os mostradores do painel,

O modelo voltou a usar o famoso sobrenome Stingray – a última ocasião foi em 1976. "Stingray é um dos nomes consagrados na história automotiva. Sabíamos que não poderíamos usá-lo a menos que o novo carro realmente cumprisse o legado", garantiu Ed Welburn, então o vice-presidente global de desenho da GM, durante a apresentação do C7 no Salão Internacional do Automóvel Americano.

A estilosa logomarca do esportivo também foi redesenhada, com traços mais sofisticados. O trabalho em seu interior, alvo de críticas dos clientes, visou emprestar-lhe mais requinte. O conceito de *cockpit* nunca foi tão presente, o painel assimétrico envolve o motorista, com a parte central bastante voltada para o condutor, e há duas opções de bancos: a versão

a disponibilidade dos controles de estabilidade e o nível de ruído do escapamento.

Para quem busca mais esportividade, voltou à tona o Z51 Performance Package, com discos de freios maiores, rodas com aros de 19" e 20" (ao contrário do padrão 18" e 19"), transmissão com relações mais curtas e respostas mais rápidas, diferencial eletrônico autoblocante, lubrificação com cárter seco, suspensão reforçada e o opcional *magnetic selective ride control*.

Com tamanho apelo, o Salão de Genebra foi o palco escolhido para a estreia da versão conversível do Vette, dois meses depois de Detroit. A capota de lona com acionamento elétrico pode ser aberta com o carro em movimento a até 50 km/h – por botão no console ou por controle remoto. As vendas começaram logo após a 500 Milhas, quando o esportivo da GM foi novamente o *pace car* da prova. E começaram já com a série Stingray Premiere Edition, homenagem aos 60 anos de vida do carro. A edição presenteava os compradores com um jogo de malas com a marca Corvette e o motor LT1 com 5 cv a mais (460 cv).

Ainda em 2013, o SEMA Show (Specialty Equipment Market Association), o maior evento de acessórios e carros customizados do mundo, viu surgir um carro-conceito

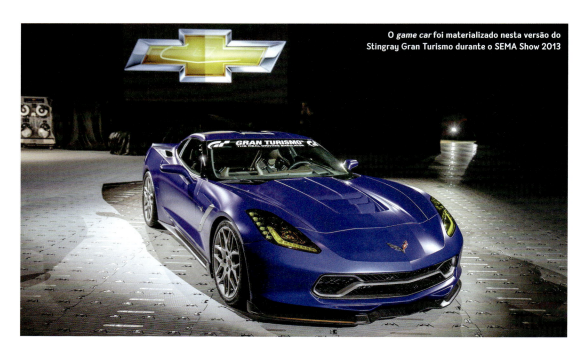

O *game car* foi materializado nesta versão do Stingray Gran Turismo durante o SEMA Show 2013

para agradar muito além dos aficionados por *games* (palco de carros customizados que fazem o sonho de consumo dos adoradores do gênero). O Corvette Stingray Gran Turismo materializou o cupê, que estreou no jogo Gran Turismo 6, com pintura exclusiva, faróis amarelos, *spoiler* traseiro, capô de fibra e extrato e balancins de fibra de carbono. O visual incluiu ponteiras, grade frontal e para-choques diferenciados. Os bancos *sport competition* receberam o sistema antichicote, com quatro pontos, para o caso de acidente, e o volante, fundo plano.

Um Corvette tão provocante e arrojado não poderia ficar sem sua variante Z06. Ela surgiu em 2014, com diferencial traseiro e sistema de escapamento especiais. E ainda ganhou uma versão para as pistas, batizada de C7.R, que foi exibida no Salão de Detroit de 2014, e, em 2016, disputou o tradicional festival de velocidade de Goodwood, na Inglaterra. Além de pneus mais largos, mudanças na suspensão e na parte de refrigeração de componentes, foi equipada com o V8 LS7.R 5.5 com 491 cv de potência.

O ano de 2015, porém, seria ainda mais animado. Enquanto o Stingray C7 virava o *autobot* Crosshairs na nova sequência do filme *Transformers – A era da extinção*, de Michael Bay, a linha também estreava

O C7 traduziu de forma exemplar o conceito de *cockpit* na cabine

uma novidade no conjunto mecânico: câmbio automático de oito marchas. Na mesma época, a GM lançou o Corvette Z06 C7.R Edition. Limitada a 500 unidades, vinha na combinação de amarelo e preto e com itens especiais: kit aerodinâmico ajustável; freios a disco Brembo, de carbono-cerâmica e com pinças amarelas; rodas escurecidas; pneus Michelin Pilot Super Sport Cup 2; detalhes de fibra de carbono na carroceria e na cabine; interior com detalhes amarelos e soleiras com emblemas da Corvette Racing.

A celebração pelos 65 anos não passou em branco – a não ser pela cor da nova série especial. A Carbon 65 Edition foi lançada em 2018 mesclando elementos de fibra de carbono na carroceria – entre eles, o novo *spoiler* traseiro – com a nova cor exterior chamada *Ceramic Matrix Grey*. No interior, foram colocados vários detalhes exclusivos e volante com estrutura também de fibra de carbono; já as rodas pretas deixam à mostra as pinças de freio azuis.

Essa sétima geração do Corvette, claro, teve sua derivação ZR1 – com direito ao Vette mais potente de todos os tempos e ao primeiro ZR1 conversível da história. Mais um capítulo da trajetória não só de encantamento, mas de superação desse ícone dos esportivos. No fim, o atraso no desenvolvimento do C7 e os rumores sobre o seu futuro foram positivos para a concepção de um esportivo moderno, arrojado e que, de uma forma ou de outra, não foge às tradições.

"Desde 1953, seja em tempos bons ou ruins para esta empresa, sempre houve o Corvette. Isso mostra o que significa vencer." A frase do executivo da GM na América do Norte, Mark Reuss, durante a apresentação do Stingray no Salão de Detroit 2013, resume bem a alma vitoriosa do Corvette. Novas gerações e crises virão. E o Vette prosseguirá.

Corvette Grand Sport 2017.

Lançada em 2018, a série Carbon 65 Edition celebra em grande estilo os 65 anos de vida do Corvette

Copyright © 2018 Alaúde Editorial Ltda.
General Motors Trademarks usado sob licença por Alaúde Editorial Ltda.

Todos os direitos reservados. Nenhuma parte desta edição pode ser utilizada ou reproduzida – em qualquer meio ou forma, seja mecânico ou eletrônico –, nem apropriada ou estocada em sistema de banco de dados sem a expressa autorização da editora.

O texto deste livro foi fixado conforme o acordo ortográfico vigente no Brasil desde 1º de janeiro de 2009.

Produção editorial: Editora Alaúde
Pesquisa e redação: Fernando Miragaya
Preparação: Camile Mendrot
Revisão: Francisco José Mendonça Couto, Carlos Eduardo Matos, Ricardo Caruso
Projeto gráfico: Cesar Godoy
Fotos: Acervo General Motors
Impressão e acabamento: Ipsis Gráfica e Editora S/A

1ª edição, 2018

Impresso no Brasil

Dados Internacionais de Catalogação na Publicação (CIP)
(Câmara Brasileira do Livro, SP, Brasil)

Miragaya, Fernando
    Clássicos esportivos : Corvette / pesquisa e redação Fernando Miragaya. -- São Paulo : Alaúde Editorial, 2018.

    Bibliografia.
    ISBN 978-85-7881-571-4

1. Automobilismo - História 2. Automóveis - História 3. Corvette (Automóveis) - História 4. Indústria automobilística I. Título.

18-21200   CDD-629.22209

Índices para catálogo sistemático:
1. Corvette : Automóveis : Tecnologia : História 629.22209
Maria Paula C. Riyuzo - Bibliotecária - CRB-8/7639

2018
Alaúde Editorial Ltda.
Avenida Paulista, 1337
conjunto 11, Bela Vista
São Paulo, SP, 01311-200
Tel.: (11) 5572-9474
www.alaude.com.br

Compartilhe a sua opinião
sobre este livro usando a hashtag
#ClassicosEsportivosCorvette
nas nossas redes sociais:

/EditoraAlaude
/EditoraAlaude

/AlaudeEditora